Elizabeth Clare Prophet

Botschaften aus der Engelwelt - Erzengel Gabriel

W0089938

Botschaften aus der Engelwelt

ERZENGEL
GABRIEL

Elizabeth Clare Prophet

Aus dem Amerikanischen von Andrea Fischer

//////////////// **SILBERSCHNUR** ////////////////

'How Angels Help You to Recapture the Spirit of Joy.'
Vortrag aus der 'Angels Audio Library' von Elizabeth Clare Prophet.

Copyright © (P) 1996 Summit Publications, Inc.
Alle Rechte vorbehalten.

Contact:
Summit University Press
63 Summit Way, Gardiner, Montana 59030
Tel.: 406-848-9500 – Fax: 406-848-9555
E-mail: info@summituniversitypress.com
Website: http://www.summituniversitypress.com

Dieser Vortrag wurde ursprünglich auf Englisch herausgegeben und in den
USA publiziert. Diese Version ist Gegenstand eines Lizenzvertrages zwischen
dem Verlag "Die Silberschnur" und Summit University Press.
Summit University Press und "Perlen der Weisheit" (Pearls of Wisdom) sind
eingetragene Warenzeichen, die beim U.S. Patent und Warenzeichenamt sowie
in anderen Ländern registriert sind.
Alle Rechte vorbehalten.

Kein Teil dieses Buches darf ohne schriftliche Genehmigung durch Summit
University Press in irgendeiner Weise nachproduziert, übersetzt, in irgendeiner
Weise auf elektronischen oder mechanischen Datenträgern gespeichert, veröffentlicht bzw. übertragen oder in irgendeiner anderen Form oder über ein
anderes Kommunikationsmedium verwendet werden. Weitere Informationen
erhalten Sie bei Summit University Press.

Copyright © 2007 der deutschen Ausgabe Verlag "Die Silberschnur" GmbH
Alle Rechte der deutschen Ausgabe vorbehalten.

ISBN: 987-3-89845-207-6

1. Auflage 2007
2. Auflage 2008

Übersetzung: Andrea Fischer
Gestaltung & Satz: XPresentation, Boppard
Druck: Finidr, s.r.o. Cesky Tesin

Verlag "Die Silberschnur" GmbH · Steinstr. 1 · 56593 Güllesheim
www.silberschnur.de · Email: info@silberschnur.de

Inhaltsverzeichnis

Einführung   7

* So rufen wir die Engel um Hilfe   11
* Begegnung mit dem Erzengel Gabriel   15
* Der Aufstieg   20
* Aufgestiegene Meister   23
* Engel der Verkündigung   26
* Der Weg   28
* Das innere Licht – Ihre wahre Identität   29
* Diktate der Erzengel   31
* Kontakt mit den Engeln   34
* Der weiße Lichtstrahl   37
* Der Rückzugsort von Gabriel und 'Hoffnung'   39
* Die violette Flamme   41
* Das Gefühl der Lebensfreude   56
* Hüten Sie das Licht   59
* Ein Mantra zum Schutz   63
* Oh mächtiges Licht   68
* Gabriel in der Welt der Religionen   75
* Gabriels Chakrenmeditation   78
* Eine Partnerschaft mit den Erzengeln   88
* Der freie Wille   91
* Hilfe bei der Arbeitssuche   93

- "... dass du deinen Fuß nicht an einem Stein stoßest"   96
- Dauergebete   98
- Zur Rettung der Menschen des Lichts   99
- Sie können mithelfen, die Erde zu retten   104
- Der fröhliche Erzengel   108
- Freund und Tröster   111
- Wenn Gabriel eingreift   112
- Erzengelin 'Hoffnung'   116
- 'Hoffnung' im Reich des Möglichen   119

Abbildungen

Darstellung des göttlichen Selbst   8

Dreifache Flamme   35

Die Chakren im menschlichen Körper   35

Einführung

Abbildung des göttlichen Selbst

Dieses Buch ist ein Band aus Elizabeth Clare Prophets Reihe über die Zusammenarbeit mit den sieben Erzengeln - Ihren geistigen Führern, Beschützern und Freunden. In diesem Buch werden Sie vieles über Erzengel Gabriel erfahren sowie darüber, wie die Engel Ihnen helfen, das Gefühl der Lebensfreude wieder zu spüren.

Wir sind bestrebt zu erfahren, wie wir mit den Engeln in Kontakt treten können - mit den sieben Erzengeln, den Engelscharen, mit Ihrem persönlichen Schutzengel, mit den Engeln, die mit Naturgeistern arbeiten - und auch, wie Engel uns helfen können, wieder das Gefühl von Lebensfreude zu verspüren.

Wenn Sie mit den Engeln und deren mannigfachen Aufgaben vertraut sind und ihnen als Schutzengel und geistige Führer Ihr Vertrauen schenken, können Sie sich mit ihnen jederzeit und überall völlig entspannt unterhalten. Sie können mit den Engeln gemütlich umherwandeln, sie anrufen, ihnen Anweisungen geben und sie in schwierigen persönlichen Angelegenheiten sowie in Begebenheiten von globalem Interesse um Unterstützung bitten. Wir können die Engel bitten, die Kontrolle über Angelegenheiten zu übernehmen, wie etwa Umweltprobleme und auch über alle tief bedauernswerten und herzzerreißenden Situationen, die wir tagtäglich auf der ganzen Welt erleben.

Wie viele von uns hier fühlen sich angesichts dieser Weltereignisse hilflos, als könnten wir gar nichts ausrichten? Dieses Gefühl der Hilflosigkeit, denke ich, betrifft jeden Menschen auf Erden, und ich glaube, dass es zutiefst frustrierend ist. Wir können weder das Unheil auf Erden, noch das in unserem Hinterhof und manchmal nicht einmal das in unserer eigenen Küche unter Kontrolle bekommen. Aus diesem Grund brauchen wir die Engel. Aus diesem Grund hat Gott die Engel erschaffen.

So rufen wir die Engel um Hilfe

Im Verlauf unserer Menschheitsgeschichte und schon in Zeitaltern, über die uns keinerlei Aufzeichnungen vorliegen – das alte Atlantis, das alte Lemurien, verflossene Goldene Zeitalter auf Erden, die nur noch als ganz schwacher Funke der Erinnerung in unserem Unterbewusstsein vorhanden sind –, erfolgte die traditionelle Kontaktaufnahme zu Gott und seinen Botschaftern, beispielsweise zu den sieben Erzengeln, über Gesänge, Chants, Dekrete, Gebete, Mantras und das Psalmodieren der Worte Gottes.

Ich möchte nun eine Anrufung, ein Gebet, an die sieben Erzengel darbieten, das ich erhalten habe. Während ich die Anrufung spreche, bitte ich Sie, nicht nur auf die Worte zu hören, sondern auch auf die Form, darauf, welche die richtige Art und Weise ist, sich an ein so gewaltiges himmlisches Wesen wie einen Erzengel zu wenden. Dann werde ich Sie einladen, Ihre eigenen Gebete an die Erzengel zu sprechen, wie auch immer Sie diese formulieren möchten, bis

Sie das Gefühl haben, den Kontakt zu diesen hergestellt zu haben.

Anrufung

"Herr, Allmächtiger Gott, hier auf Erden stehen wir. Wir rufen deine Gegenwart in unsere Mitte. Oh Herr und Gott, lasse deinen Mantel nun über uns herab. Festige unser inneres Gelübde dir gegenüber, unserer geliebten Zwillingsflamme, unserem Höheren Selbst gegenüber. Vereine uns mit dir durch deine himmlischen Engelsscharen, welchen du von Beginn an aufgetragen hast, während unserer Reise zu diesem fernen Planeten, genannt Erde, die Fürsorge über uns zu übernehmen.

Im Namen des Vaters, des Sohnes, des Heiligen Geistes und der göttlichen Mutter rufe ich nun Erzengel Michael, Erzengel Jophiel, Erzengel Chamuel, Erzengel Gabriel, Erzengel Raphael, Erzengel Uriel, Erzengel Zadkiel sowie alle Erzengelinnen, Cherubim und Seraphim Gottes an.

Eilt nun auf diese Stadt herab. Eilt nun in alle Städte der Erde herab. Möge euer Licht, das Licht Gottes, das auf euch scheint, jetzt zu denjenigen gebracht werden, die die Dinge richtig stellen würden. Helft allen, die mit dir, oh Gott, zusammenkommen, um gemeinsam Dinge zu erörtern und zu beraten, auf dass wir Teil haben mögen an der Auflösung der Probleme auf Erden.

Oh Gott, schicke deine Engelsscharen, auf dass unsere Herzen zu göttlicher Liebe, zum inneren Licht, zum 'Atman', das in unserer Brust wohnt, verwandelt werden. Oh Gott, wir beten für das Ende des Krieges. Wir beten für das Ende des Hungers überall auf der Welt. Lass' kein einziges Kind mehr auf dieser Erde hungern oder vernachlässigt werden. Oh heilige Engel Gottes, sorgt für die, für die wir beten, sorgt für sie.

Daher bitten wir dich in diesem Augenblick, da unsere Herzen im Kontakt mit deiner reinsten göttlichen Liebe sind, unsere individuellen und sehr persönlichen Gebete entgegenzunehmen, die wir jetzt sprechen [bitte bringen Sie an dieser Stelle Ihre persönlichen Gebete vor]."

Begegnung mit dem Erzengel Gabriel

Engel sind wahrhaftig und persönlich in unserer Mitte anwesend. Ich möchte Ihnen an dieser Stelle gern eine meiner Engelgeschichten erzählen, denn ich wurde als Kind ja aus so vielen Nahtoderfahrungen und Unfällen gerettet. Die Geschichte, die ich Ihnen erzählen möchte, ereignete sich, als ich 18 Jahre alt war. Das 18. Lebensjahr markierte einen Wendepunkt in meinem Leben: Ich verließ mein Zuhause, besuchte das College und hielt nach meinem Weg Ausschau.

Ich hatte mich seit meiner frühen Kindheit mit metaphysischen Phänomenen beschäftigt. Ich nahm es sehr ernst, Gott zu folgen. Jede freie Minute nahm ich meine Bibel zur Hand, ging in mein Zimmer und grübelte über die Worte Jesu nach. Wenn ich diese Worte aber las und mit meinem Herrn kommunizierte, so pflegte er in meinem Herzen zu sagen: "Was ich gelehrt habe, steht da nicht drin." Und wenn ich sonntags den Predigten der Geistlichen zuhörte, so pflegte Jesus in

15

meinem Herzen zu sagen: "Alles, was ich gelehrt habe, ist nicht hier."

Als ich mit der Zeit älter wurde, erkannte ich, dass Jesus mich sanft in die Richtung schob, über seine verlorenen Lehren und seine verlorenen Jahre zu schreiben. Dies habe ich getan.[1] Erst als 1945 die Nag Hammadi Texte entdeckt wurden, haben sich uns alle verlorenen Lehren, die Jesus an die frühchristlichen Sekten, die als 'Gnostiker' bekannt sind, weitergegeben hatte, enthüllt.[2]

Dies war also für mich ein Wendepunkt. Ich hatte als Kind die Christian Science Church

---

1) Siehe Mark L. Prophet und Elizabeth Clare Prophet, "The Lost Teachings of Jesus" ("Die verlorenen Lehren Jesu"), veröffentlicht in vier Bänden, sowie Elizabeth Clare Prophet, "The Lost Years of Jesus ("Die verlorenen Jahre Jesu"). Veröffentlicht von Summit University Press.

2) Die Gnostiker gehörten zu einer Reihe von christlichen Sekten, die in den ersten nachchristlichen Jahrhunderten florierten. Später wurden ihre Lehren von der Kirche unterdrückt. Die Gnostiker behaupteten, die geheimen Lehren Jesu zu besitzen, die sie von dessen engsten Jüngern erhalten hätten. Manche Gelehrte glauben, dass einige der aufgezeichneten Lehren der Gnostiker älter sind als die Evangelien im neuen Testament, und die Originallehren Jesu präziser wiedergeben.

('Kirche der christlichen Wissenschaft') entdeckt. Sie lehrte mich über Gott, mich und Jesus mehr, als ich irgendwo anders erfahren konnte. Immer wenn ich zur Kirche gegangen war, kam ich erfüllt vom Licht Gottes wieder heraus. Es war für mich immer eine herrliche Zeit.

An jenem strahlenden Sonntagmorgen war also gerade die Kirche aus. Ich stand auf der Eingangsstufe vor der Kirche und blickte auf die Säule zu meiner Rechten. Dann hatte ich das Gefühl, ein zweites Mal hinschauen zu müssen. Ich schaute nochmals hin – und es gab nicht den geringsten Zweifel: Erzengel Gabriel stand vor der Säule. Er trug sein übliches weißes Gewand, so, wie er immer abgebildet wird. Ich war richtig sprachlos, denn ich war nicht darauf gefasst, einen Engel – und noch weniger einen Erzengel – vor mir stehen zu sehen. Ich wusste, dass es Erzengel Gabriel war. Ich wusste es so gut, wie ich meine eigene Seele kannte. Er machte es mir möglich, ihn zu sehen, indem er meinen inneren Blick verstärkte.

Ich spürte seine kraftvolle Gegenwart und ich spürte, wie sich mein Verstand durch Gabriels Zutun in den Verstand Gottes einklinkte. Er ließ mich spüren, dass es ganz natürlich war, mit ihm zu sprechen. Es war, als würde er mir eine Botschaft Gottes 'sphärisch' mitteilen. Das sind die einzigen Worte, womit ich es beschreiben kann - eine Sphäre des Allwissens, die mit meinem eigenen Gefühl der Selbstwahrnehmung in Gott verschmolz.

Rückblickend erkenne ich, dass dies durch die Ringe möglich geworden war, die in der Aura von Erzengel Gabriel übereinandergelagert sind. Sie schienen als eine Art Antenne zu fungieren, die eine Kommunikation von einer sehr hohen Ebene auf meine Ebene herab transformierten. In dem Bruchteil einer Sekunde, den ich brauchte, um das höhere Bewusstsein zu erhalten, das Gabriel mir übertrug, hörte ich mich laut sagen: "Wie - ich muss noch in diesem Leben meinen Aufstieg machen!"

Er pflanzte mir dieses Bewusstsein und dieses Verständnis ein - dass es sich bei diesem Leben um dasjenige handelte, in dem ich die Vereinigung mit Gott erstreben sollte. So lautete Gottes Zeitplan für mich.

Niemand hatte mich jemals gelehrt, dass irgendeiner von uns außer Jesus Christus aufsteigen könne. Ich war völlig verblüfft, dass diese Worte aus meinem Munde kamen. Und ich wusste, dass ich in jener Sekunde den allwissenden Geist Gottes erfahren hatte, von dem meine Lehrer in der Sonntagsschule gesprochen hatten.

Der Austausch kann nicht mehr als 60 Sekunden gedauert haben. Doch ich befand mich auf einer anderen, höheren Ebene. Ich hatte einen Blick in den Himmel werfen dürfen. Dieser eine Blick sollte mich ein Leben lang tragen, bis mein Kelch gefüllt und meine Mission erfüllt sein würden.

Der Aufstieg

Keiner meiner Sonntagslehrer hatte mir jemals erklärt, dass der Bericht über den Aufstieg Jesu in der Heiligen Schrift ein Beispiel für eine Initiation ist, die für jeden Sohn und jede Tochter Gottes vorgesehen ist. Doch in jenem Moment mit Erzengel Gabriel wusste ich es. Ich wusste es, denn die Aura von Erzengel Gabriel hatte mich umhüllt, und sein Gottesbewusstsein hatte mir die Wahrheit über die Vereinigung der Seele mit Gott durch den Aufstieg übermittelt. Und es gab niemanden, der mir dieses innere Wissen wieder nehmen konnte.

Wenn ich auf jenen Moment zurückblicke, so ist es für mich wirklich faszinierend, dass ich eine Gedankenübertragung durch die Gedanken eines Erzengels empfangen hatte, der mir haargenau erklärte, weshalb ich hier war und was ich vollbringen sollte. Alle anderen Menschen um mich herum hätten solch einen Gedanken, wie ich ihn soeben wahrgenommen hatte, ohne Ausnahme abgelehnt.

Aber ich wusste es damals, wie ich es heute weiß: "Der Aufstieg ist das Ziel deines Lebens."

Als ich erkannte, dass dies die Botschaft war, die Gabriel mir von Gott geschickt hatte, sagte ich zu mir selbst: "Wenn ich herausfinde, wie man seinen Aufstieg macht, werde ich dieses große Geheimnis mit allen teilen, die bereit sind, es zu hören und daraufhin zu handeln."

Ich wusste, dass dies eine Botschaft war, die ich der ganzen Welt übermitteln sollte, denn ich sah, dass es überall auf der Welt Menschen gab, die für diesen Aufstieg bereit waren. Es gab Menschen, die ihre Schulzeit auf Erden in diesem Leben abschließen konnten, die jedoch die restlichen Lehren Jesu brauchten, die verloren gegangen oder aber im Zuge der Verfolgung der Gnostiker absichtlich weggelassen oder uns weggenommen worden waren.

Ich wusste, dass Jesus gelehrt hatte, dass wir Gott über sein Herz erreichen können. Doch die Kirche lehrte, dass wir nur über einen Priester oder diesen oder jenen zu Gott gelangen können. Da erkannte ich, dass uns nicht nur die Erzengel, sondern auch die Aufgestiegenen Meister lehren, wie man das Ziel der Vereinigung erlangen kann.

Aufgestiegene Meister

Was ist ein 'Aufgestiegener Meister'? Ein Aufgestiegener Meister ist jemand wie du und ich. Doch sie haben zwei Dinge erreicht, die wir noch nicht vollbracht haben. Sie sind Meister über sich selbst geworden – über ihren Verstand, ihre Emotionen, ihr Leben – und sie haben mindestens 51% ihres Karmas ausgeglichen. Infolgedessen hat sich ihre Schwingung erhöht und sie sind in höhere Dimensionen des Lichts aufgestiegen. Sie haben das Ritual des Aufstiegs durchlebt. Folglich werden sie als 'Aufgestiegene Meister' bezeichnet.

Die Erde ist ein 'Klassenzimmer', und wir sollten immer vorwärts streben und unsere Abschlussprüfung ablegen. Uns erwartet bereits ein weiteres Klassenzimmer. Wie kommen wir aber von hier nach dort? Der Aufstieg ist der Prozess. Er beinhaltet verschiedene Schritte, die wir bewältigen müssen.

Ein wichtiges Handbuch über den Aufstieg wurde vom Aufgestiegenen Meister Serapis Bey diktiert, der dafür verantwortlich ist, uns auf dem

Weg zum Aufstieg zu trainieren. Es heißt 'Dossier on the Ascension' ('Dossier über den Aufstieg'). Sollte dieser Titel bei Ihnen auf ein inneres Echo stoßen, sollten der Aufstiegsprozess und der Abschluss der irdischen 'Schullaufbahn' bei Ihnen innerlich Resonanz auslösen, so sollten Sie es sich vielleicht besorgen und lesen.[3]

Viele Jahre nach meinem Erlebnis mit Erzengel Gabriel ergriff ich während eines Aufenthaltes in Boston die Gelegenheit, meinen Lehrer der christlichen Wissenschaft über den Aufstieg zu befragen. Ich wollte wissen, was die höchste Doktrin war, die die christliche Wissenschaft zu diesem Thema lehrt. Zu meiner Verwunderung tat er es einfach als etwas ab, was nach Abschluss eines Lebens, das man gemeinsam mit Gott gelebt hat, automatisch eintritt. Doch ich wusste es besser.

Der Aufstieg tritt nicht einfach so ein. Wir müssen ihn als ein Ziel definieren und wissen, wie wir

---

3) Serapis Bey, "Dossier on the Ascension" ("Dossier über den Aufstieg"), Summit University Press.

dorthin gelangen. Es passiert nicht "nur, weil du ein guter Mensch bist", wie mein Lehrer mir zu versichern versuchte. Es gibt bestimmte Anforderungen und Initiationen. Und dann gibt es noch die lebenslange Herausforderung unseres Karmas, die Herausforderung, mit unserem Karma umzugehen.

Engel der Verkündigung

Gabriel verkündet zukünftigen Vätern und Müttern auf der Seelenebene, wann es an der Zeit ist, Kinder zu empfangen und zu gebären. Er gibt unseren Seelen auch Anweisungen, wie wir den Pfad des Aufstiegs erklimmen können. In all seinen Botschaften an uns wird er schon immer 'Engel der Verkündigung' genannt. Er erklärt uns, dass es die Bestimmung jedes Kindes Gottes ist, durch das Ritual des Aufstiegs zu Gott zurückzukehren.

Gabriel wird über Ihren Verstand oder Ihr Herz mit Ihnen kommunizieren - sozusagen über eine Art innerem Antrieb, dass dies das Ziel Ihres Lebens ist. Er lehrt uns, wie wir in den Fußstapfen Jesu Christi wandeln, unser Karma ausgleichen und dienen können, um uns zu befreien. Er lehrt uns, dass wir, wenn wir dem spirituellen Pfad folgen und die violette Flamme anrufen - über diese werde ich gleich sprechen - am Ende dieses Lebens aufsteigen können, außer ein extremes Karma schreibt eine weitere Inkarnation nach dieser vor, um unser verbleibendes Karma auszugleichen.

Der Weg

Über den Aufstieg wird gelehrt, dass wir uns am Ende dieses Lebens auf dieses Ziel zubewegen können. Was müssen wir tun, um unsere Schritte auf diesen Pfad zu lenken? Wir müssen die violette Flamme benutzen, einsetzen und anwenden. Wir müssen eine Kehrtwendung machen und auf die Sonne der lebendigen Gegenwart Gottes zulaufen. Wir müssen gewillt sein, die Fehler, die wir begangen haben, wieder gutzumachen - d.h. das Gesetz der Vergebung für all diejenigen anzurufen, welchen wir Schaden zugefügt haben, und ihnen aus unserem Herzen zur Heilung ein Geschenk des Feuers schicken. Wir müssen auch um Vergebung für all diejenigen bitten, die uns etwas angetan haben. Wenn uns dies gelingt, und wir mit jedem Teil des Lebens Frieden schließen, gute Arbeit säen, die Fehler, die wir begangen haben, wieder gutmachen, werden wir unserem Ziel entgegengehen.

Das innere Licht – Ihre wahre Identität

Meine Begegnung mit Erzengel Gabriel schickte mich auf einen schonungslosen Weg, Gott von Angesicht zu Angesicht kennen zu lernen. Ich war Gabriel so nahe gekommen. Mose hatte mit Gott auf dem Berg geredet. Das hatten auch Jesus Christus, Zarathustra, Krishna, Gautama Buddha, Konfuzius und viele ihrer Schüler. Ich wusste, dass jeder in dieser Welt das Recht hat, mit seinem Gott unter vier Augen, von Angesicht zu Angesicht, zu reden. In meinem Herzen brannte das Verlangen, möglichst jedem genau dies zu erzählen.

Es ist ohne Belang, was Sie früher getan haben, wer Sie gewesen sind. Es ist völlig gleichgültig, welche Sünden Sie begangen haben. Gott wird all dies nehmen und die Flamme des Heiligen Geistes darüber schicken. Heute sind Sie der Liebling Gottes. Weisen Sie die Verurteilung der Welt oder des Todes und der Hölle von sich.

Lassen Sie sich nicht den Stempel aufdrücken, dass Sie ein erbärmlicher Sünder sind und diesen

Zustand der Sündhaftigkeit niemals überwinden können. Sie mögen gesündigt haben, doch Sie sind kein Sünder. Sie sind ein Kind Gottes, Söhne und Töchter Gottes. Und in Ihnen existiert das lebendige Atman, das Höhere Selbst. Nennen Sie es 'Inneren Christus', 'Inneren Buddha'. Es ist das innere Licht. Das ist Ihre wahre Identität.

Sie bestehen nicht aus all den Fehlern, die Sie begangen haben oder aus all dem, was Sie richtig gemacht haben. Sie sind aus göttlichem Material gemacht, und dieser Geist des lebendigen Gottes ist über und in Ihnen und wird durch Ihre Chakren kanalisiert. Die Engel sind hier, um Ihnen etwas darüber zu erzählen, um Sie schneller voranzubringen, um das Licht zu beschleunigen, das Sie bereits besitzen, und um Ihnen noch mehr zu schenken.

Diktate der Erzengel

1961 berief mich Gott zu einer Sendbotin für die Erzengel und die Aufgestiegenen Meister. Der Meister El Morya trainierte mich. Der Meister Saint Germain salbte mich, um das Wort Gottes in der Tradition der hebräischen Propheten zu übermitteln.

Doch es war Mark Prophet, mein seliger Ehemann, der sein Training zehn Jahre vor mir erhalten hatte, der mein Schirmherr 'in Fleisch und Blut' war. Er drillte mich drei Jahre lang Tag für Tag in den strengen Disziplinen von El Morya und Saint Germain. Diese sehr persönliche Unterweisung unter den Meistern und Mark zählt für mich zu den größten Segnungen, die mir je zuteil geworden sind. Ohne sie wäre ich nicht in der Lage gewesen, die Herausforderungen auf mich zu nehmen, mit welchen ich während meiner Mission konfrontiert worden bin.

Mark und ich haben Hunderte von Diktaten – oder Botschaften – von den Erzengeln entgegengenommen. Ich werde hier immer wieder aus ihnen zitieren. Viele Menschen stellen mir die Frage: "Nun, worum ging es denn bei deinem Training eigentlich?" Sie glauben auch immer, ich wäre darauf *trainiert* worden, ein Diktat entgegenzunehmen. Nun, das ist so ziemlich das Letzte, worauf man trainiert wird, denn es gibt in Wirklichkeit kein Training, um die Diktate von Gott durch den Heiligen Geist zu empfangen.

Worauf wurde ich dann vorbereitet? Ich wurde in der Arbeit des Thomas à Kempis trainiert, "The Imitation of Christ" ("Die Imitation Christi"). Ich wurde darin trainiert, den Stolz und all die anderen Laster, die wir geerbt haben, zu bezwingen. Ich wurde darauf trainiert, ein tröstendes Wort zu spenden, mit Menschen nicht von oben herab zu reden oder diese zu erniedrigen, nichts zu äußern, was einer lebendigen Seele das Gefühl der Gegenwart Gottes entreißt. Mir wurde die Diziplinierung der Gefühle und Gedanken beigebracht. El Morya ist so etwas wie

ein Zen-Meister. Er lehrt in Rätseln und mit gro-
ßem Feuereifer.

Ich las bestimmte Bücher. Was mir letztend-
lich jedoch als der Punkt ans Herz wuchs, bei
dem ich glaubwürdig den Mantel der Sendbotin
tragen konnte, war die Ausarbeitung eines Weges,
eines spirituellen Pfades der Liebe und der
Disziplin. Es ist ein Pfad, auf dem man den
Unterschied zwischen Stolz und Demut, zwischen
Kühnheit und absoluter Sensibilität jedem Teil
des Lebens gegenüber erkennt. Das Training
währt auf diesem Weg ein Leben lang.

Kontakt mit den Engeln

Wir wollen nun ergründen, wie Sie den Kontakt zu den Engeln pflegen können. Wenn wir mit den Engeln kommunizieren, können uns diese auf eine höhere Ebene des Bewusstseins heben. Sie sind wahrhaftig unsere Führer, Beschützer und Freunde, die uns bei allem helfen werden, was wir im Leben tun.

Ich glaube, dass Engel manchmal zu uns nach Hause kommen, und wir nicht einmal bemerken, dass sie anwesend sind. Wie können wir uns also mehr auf die Engel und ihre Anwesenheit bei uns einstimmen?

Der wichtigste Schritt, den Sie tun können, ist Folgender: Entwickeln Sie ein aufmerksames Ohr, bereit zuzuhören. Schalten Sie Ihren Fernseher ab. Schalten Sie den Lärm ab. Übersättigen Sie Ihren Verstand nicht ständig, indem Sie die neuesten Nachrichten lesen oder ständig Informationen von außen auf sich einstürmen lassen.

Dreifache Flamme

Die Chakren im menschlichen Körper

Sorgen Sie dafür, dass es in Ihrem Haus um eine bestimmte Uhrzeit ruhig ist – dies kann auch unmittelbar vor Ihrer Nachtruhe sein – so dass Sie spüren können, wie Sie Ihr inneres Ohr einschalten und auf Gott hören. Um sich darauf vorzubereiten, ihn zu hören, sprechen Sie die Gebete, mit welchen Sie sich wohl fühlen, vielleicht Gebete, die Ihnen Ihre Mutter oder Ihr Vater beigebracht hatten. Beten Sie zu Gott und seinen Engeln.

Das Wort 'Engel' bedeutet 'Botschafter'. Gott schickt seine Botschafter aus, um uns dienlich zu sein. Halten Sie Ihre Ohren offen, bereit zuzuhören, und Sie werden beginnen, die Mitteilungen in Ihrem Leben zu hören. Und hören Sie immer mit einem Herzen hin, das 'auf Empfang' ist.

Der weiße Lichtstrahl

Jeder Erzengel dient auf einem anderen Lichtstrahl oder Aspekt von Gottes Bewusstsein. Diese Strahlen repräsentieren verschiedene Wege des spirituellen Wachstums, verschiedene Wege zur Meisterschaft des Selbst. Jeder Strahl besitzt seine spezifische Farbschwingung und Qualität.

Erzengel Gabriel dient auf dem 'Vierten Strahl', dem weißen Strahl der Reinheit, Disziplin und Freude. Architekten und andere Menschen, deren Arbeit Exaktheit erfordert, fallen unter diesen Strahl. Der weiße Strahl, oder die weiße Frequenz, ist auch die Flamme des Aufstiegs, über die wir zuvor gesprochen haben.

Gabriels göttliches Gegenstück, die Erzengelin 'Hoffnung', dient mit ihm und erfüllt uns mit Hoffnung und vertreibt die Verzweiflung. Freitag ist der Tag, an dem wir mehr Licht, Energie und Bewusstsein von ihnen empfangen können.

Das Chakra, das dem weißen Strahl entspricht, ist das Basischakra oder auch Wurzelchakra. In diesem Chakra sitzt die Lebenskraft, auch 'Kundalini' genannt. Es ist die Flamme der göttlichen Mutter, die heilige Energie, die von der Basis der Wirbelsäule emporsteigt und alle Chakren nährt, während sie die Wirbelsäule entlang hochsteigt.

Der Rückzugsort von Gabriel und 'Hoffnung'

Die Engel haben ihre Rückzugsorte auf der Erde, wie auch die Elohim und andere Lichtwesen. Der Rückzugsort von Gabriel und 'Hoffnung', ihr spirituelles Zuhause, befindet sich zwischen Sakramento und dem 'Mount Shasta' in Kalifornien. Er liegt in der himmlischen Welt. Doch es handelt sich hier um einen Ort, den Sie im Schlaf besuchen können. Ihre Seele kann die inneren Lichttempel in der himmlischen Welt besuchen, die von den Engeln geleitet werden.

Gabriel und 'Hoffnung' dienen auch im Tempel der Auferstehung, der sich über dem Heiligen Land befindet, sowie im Auferstehungstempel in Luxor in Ägypten. Auch diese sind spirituelle Tempel, die sich auf den inneren Ebenen befinden.

Wenn Sie die Rückzugsorte der Erzengel in der himmlischen Welt besuchen möchten, dann rufen Sie nachts kurz vor dem Einschlafen Erzengel

Michael und seine Engelsscharen an und bitten Sie diese, Sie dorthin zu begleiten. Sie können an den Universitäten des Geistes am Unterricht teilnehmen, der in diesen Rückzugsorten abgehalten wird. Auch wenn Sie sich vielleicht nicht an das erinnern, was Sie gelernt haben – Ihre Seele weiß es sehr wohl. Unsere Seelen können tagtäglich Lektionen lernen, derer sich unser Verstand nicht bewusst ist. Wir verfügen in unserer Seele über ein großes inneres Wissen.

Machen Sie es sich also zur Gewohnheit, jede Nacht zu Erzengel Michael zu beten, er möge Sie zu diesen Rückzugsorten bringen, wo Sie Informationen erfahren können, die Schritt für Schritt mehr zu ihrem äußeren Bewusstsein vordringen. Manchmal werden Sie sagen: "Ich habe eine Idee", und in Wirklichkeit handelt es sich um eine Erinnerung an etwas, was Sie in dieser inneren Schule des Lernens aufgeschnappt haben.

Die violette Flamme

Ich möchte Sie nun dazu einladen, die violette Flamme anzurufen. Was ist die violette Flamme? Es ist eine hochfrequente spirituelle Energie, die auf den energetischen Ebenen funktioniert. Ihre Funktion besteht darin, Negativität zu bereinigen, indem sie diese verwandelt, sie in eine höhere Form umwandelt. Die violette Flamme schafft auch mehr Ausgeglichenheit in unserem Wesen und harmonisiert den Energiefluss durch unsere Welt. Wenn wir diese Flamme anrufen, regt dies Gnade, Vergebung und Verwandlung an. Sie können also erkennen, warum es solch ein wichtiges Element auf dem Weg zum Aufstieg ist, Mantras und Dekrete zur violetten Flamme zu sprechen.

Wir sprechen nun die 'Dekrete für Herz, Kopf und Hand'. Visualisieren Sie, wie violette Flammen um Sie herum aufsteigen, während Sie diese Mantras sprechen.

Anrufung

"Im Namen des Allmächtigen Gottes und der lebendigen Engel des heiligen Feuers, der sieben mächtigen Erzengel, schickt uns jetzt die violette Flamme in Aktion. Wir rufen sie herbei und akzeptieren, dass sie sich jetzt im Einklang mit dem Heiligen Geist manifestiert. Möge Sie allen Menschen überall zum Segen gereichen. Amen."

Violettes Feuer (Herzchakra)

Herz
Violettes Feuer, oh du göttliche Liebe,
lodere in meinem Herzen!
Du bist Gnade, für immer wahr,
halte mich stets in Einklang mit dir.

Kopf
ICH BIN Licht, du Christ in mir,
befreie meinen Geist für immer.
Violettes Feuer, leuchte stets
tief in diesem meinem Geist.

Gott, der du mir schenkst mein täglich' Brot,
erfülle meinen Kopf mit violettem Feuer,
bis deine himmlische Ausstrahlung
aus meinem Geist einen Geist des Lichts macht.

Hand
ICH BIN die Hand Gottes in Aktion,
die jeden Tag den Sieg davonträgt.
Die höchste Freude meiner reinen Seele
ist es, den goldenen Mittelweg zu gehen.

Violet Fire (Heart Chakra)

Heart
Violet Fire, thou Love divine,
Blaze within this heart of mine!
Thou art Mercy forever true,
Keep me always in tune with you.

Head
I AM Light, thou Christ in me,
Set my mind forever free;
Violet Fire, forever shine
Deep within this mind of mine.

God who gives my daily bread,
With Violet Fire fill my head

Till thy radiance heavenlike
Makes my mind a mind of Light.

Hand
I AM the hand of God in action,
Gaining Victory every day;
My pure soul's great satisfaction
Is to walk the Middle Way.

(Der Abdruck des englischen Originals soll Ihnen helfen, den rhythmischen Wortklang der Dekrete besser zu erfahren.)

Visualisieren Sie nun Ihre Lichtsäule, den kraftvollen Strahl aus weißem Licht, der sich zu allen Seiten auf Sie herabsenkt. Es ist, als stünden Sie in einer überdimensionalen Milchflasche. Das weiße Licht versiegelt Sie mit dem Schutz Ihrer ICH BIN-Gegenwart. Richten Sie nun Ihre Worte direkt an Ihre ICH BIN-Gegenwart, die Gegenwart Gottes, die sich über Ihnen befindet, während wir folgende Worte gemeinsam sprechen:

Säule des Lichts (Geheimkammer des Herzens)

Oh, geliebte strahlende ICH BIN-Gegenwart,
umhülle mich mit deiner Säule aus Licht
von der Aufgestiegenen Meister Flammen,
angerufen in Gottes Namen.
Möge es meinen Tempel befreien
von allem, das versucht, uns zu entzweien.

ICH rufe hervor die violette Flamme,
alle Sehnsüchte zu erhellen und zu verwandeln.
Sie möge brennen in Freiheits Namen,
bis ICH BIN eins mit der violetten Flamme.

Tube of Light (Secret Chamber of the Heart)

Beloved I AM Presence bright,
Round me seal your Tube of Light
From Ascended Master flame
Called forth now in God's own name.
Let it keep my temple free
From all discord sent to me.

I AM calling forth Violet Fire
To blaze and transmute all desire,
Keeping on in Freedom's name
Till I AM one with the Violet Flame.

Während wir das Gesetz der Vergebung anrufen, stellen Sie sich vor, wie die violette Flamme in der Lichtsäule um Sie herum und durch Sie hindurch kreist, Sie heilt, Ihre Chakren und jedes Organ Ihres Körpers reinigt. Lassen Sie die violette Flamme durch alle Stellen in Ihrem physischen Körper, in Ihrem Verstand, in Ihren Emotionen hindurchfegen, Sie trösten und wo auch immer Sie ein Problem haben, es verwandeln.

Vergebung (Chakra 'Sitz der Seele')

ICH BIN die hier wirkende Vergebung,
die alle Zweifel und Furcht überwindet
und die Menschen immerwährend
durch ihre Flügel des kosmischen Sieges befreit.

ICH BIN der Ruf in voller Kraft,
der stündlich nach Vergebung strebt.
Ich verströme meine verzeihende Gnade
an alle Lebewesen an jedem Ort.

Forgiveness (Seat-of-the-Soul Chakra)

I AM Forgiveness acting here,
Casting out all doubt and fear,
Setting men forever free
With wings of cosmic Victory.

I AM calling in full power
For Forgiveness every hour;
To all life in every place
I flood forth forgiving Grace.

Achten Sie auf die Chakren, die zu jedem dieser Mantras gehören und sprechen Sie, wenn Sie möchten, das entsprechende Mantra für dieses Chakra. Das folgende Mantra ist für das Dritte Auge. Es ist eine Visualisierung mit der Bitte um Versorgung. Sie können Versorgungsgüter oder Geld nur anziehen, wenn Sie von Angst und Furcht völlig befreit sind. Angst und Furcht werden auf der unterbewussten, unbewussten und bewussten Ebene Gottes Lebensfülle, die Ihr Geburtsrecht ist, abweisen. Nach diesem Mantra werden wir auch das Mantra "Perfektion" sprechen - eine Anrufung mit der Bitte um göttliche Führung.

Versorgung (Chakra des Dritten Auges)

ICH BIN frei von Angst und Zweifel,
treib' Verlangen und Elend aus.
Weiß, dass immer die gute Gabe
aus den höchsten Reichen kommen wird.

ICH BIN die Hand von Gottes
ureigenster Quelle,
ausströmend die Schätze des Lichts.
Ich empfange nun die ganze Fülle,
um jede Not im Leben zu stillen.

Supply (Third-Eye Chakra)

I AM free from fear and doubt,
Casting want and misery out,
Knowing now all good supply
Ever comes from realms on high.

I AM the hand of God's own Fortune
Flooding forth the treasures of Light,

Now receiving full Abundance
To supply each need of Life.

Perfektion (Kehlchakra)

ICH BIN das Leben, unter Gottes Führung,
durchflute mich mit deinem Licht der Wahrheit,
richte hierher Gottes Perfektion,
von aller Zwietracht befreie mich.

Veranker' mich fest und für immer
in der Gerechtigkeit deines Plans –
ICH BIN die Gegenwart der Perfektion,
die das Leben Gottes im Menschen lebt!

Perfection (Throat Chakra)

I AM Life of God-Direction,
Blaze thy light of Truth in me.
Focus here all God's Perfection,
From all discord set me free.

Make and keep me anchored ever
In the Justice of thy plan—
I AM the Presence of Perfection
Living the Life of God in man!

Die folgenden drei Mantras sind Mantras, mit welchen Erzengel Gabriel arbeitet: die "Verklärung", die "Auferstehung" und der "Aufstieg". Dies sind drei Schritte auf Ihrem Weg zum ewigen Leben, das Sie eines Tages erlangen werden.

Verklärung (Kronenchakra)

ICH BIN beim Wechseln aller meiner Kleider,
leg' Altes ab, für den strahlend neuen Tag.
Mit der Sonne des Verstehens,
BIN ICH erleuchtet ganz und gar.

ICH BIN Licht innen wie außen.
ICH BIN, was immer Licht ist.

Erfülle mich, befreie mich, preise mich!
Versiegle mich, heile mich, reinige mich!
Bis sie sagen, dass ich verwandelt bin:
ICH BIN strahlend wie der Sohn,
ICH BIN strahlend wie die Sonne!

Transfiguration (Crown Chakra)

I AM changing all my garments,
Old ones for the bright new day;
With the Sun of Understanding
I AM shining all the way.

I AM Light within, without;
I AM Light is all about.
Fill me, free me, glorify me!
Seal me, heal me, purify me!
Until transfigured they describe me:
I AM shining like the Son,
I AM shining like the Sun!

Auferstehung (Solarplexus)

ICH BIN die Flamme der
Wiederauferstehung,
durchflute mich mit Gottes reinem Licht.
Jetzt beschleunige ich jedes Atom
ICH BIN befreit von allen Schatten.

ICH BIN das Licht von völliger
Gottes-Gegenwart.
ICH BIN das Leben in
immerwährender Freiheit.
Die Flamme des ewigen Lebens
erhebt sich nun zum Sieg.

Resurrection (Solar-Plexus Chakra)

I AM the Flame of Resurrection
Blazing God's pure Light through me.
Now I AM raising every atom,
From every shadow I AM free.

*I AM the Light of God's full Presence,
I AM living ever free.
Now the flame of Life eternal
Rises up to Victory.*

Der Aufstieg (Basis- oder Wurzelchakra)

ICH BIN das Licht des Aufstiegs,
der Sieg, der frei fließt.
Letztlich siegt all das Gute
für alle Ewigkeit.

ICH BIN Licht, alle Last ist gewichen.
Ich erhebe mich in die Luft.
Mit ganzer Gotteskraft vergieße ich an alle
mein wundersames Lied des Lobpreises.

Oh Jubel! ICH BIN der lebendige Christus,
der ewig Liebende.
Aufgestiegen nun mit ganzer Gotteskraft,
ICH BIN eine strahlende Sonne!

Ascension (Base-of-the-Spine Chakra)

I AM Ascension Light,
Victory flowing free,
All of Good won at last
For all eternity.

I AM Light, all weights are gone.
Into the air I raise;
To all I pour with full God Power
My wondrous song of praise.

All hail! I AM the living Christ,
The ever-loving One.
Ascended now with full God Power,
I AM a blazing Sun!

Das Gefühl der Lebensfreude

Unser Vortrag über Gabriel handelt darüber, wie man das Gefühl der Lebensfreude zurückgewinnen kann, und wie die Engel uns dabei helfen. Eines sollten wir über die Lebensfreude wissen: Wir müssen den Motor zum Laufen bringen. Wir müssen die Pumpe des Brunnens anwerfen, bis wir schließlich das Wasser der Freude empfangen können. Wir müssen uns selbst in die Freude begeben, wenn wir die Freude der Engel empfangen und auch behalten möchten.

Gabriel sagt, wenn man sein Gefühl der Lebensfreude aufrechterhalten möchte, muss man lernen, das Licht zu bewahren, denn das eigene Licht ist die eigene Freude, und die eigene Freude ist das eigene Licht. Er sagt: "Es ist das Gebot der Stunde zu beschließen, das Licht zu bewahren, das Licht zu besitzen, Licht zu sein, das Licht zu kennen und ein Diener des Lichts zu sein, während man zugleich Meister dieses Lichts wird."

Jesus sagte zu seinen Jüngern: "Auf dass meine Freude in euch bleibe und eure Freude vollkommen werde."[4] Jesus bereitete sich in jener Stunde gerade auf seine Kreuzigung vor. Dennoch sprach er von der Freude im Herzen, in seinem heiligen Herzen, dem feurigen Herzen, das Gott uns allen geschenkt hat.

Wir müssen Freude auf das Feuer des Herzens legen. Wir müssen die Härte des Herzens, Kritiksucht, Verurteilung, Vorurteile und Klatsch gegenüber anderen Menschen ablegen. Wir müssen unsere Gedanken stets hochhalten. Wenn wir sehen, dass jemand auf uns zukommt, dürfen wir ihn nicht 'auseinander nehmen', sondern wir sollten ihn in seinem inneren wahren Selbst sehen. Sehen Sie das Licht, das ihn umgibt, die Christus-Gegenwart, seine Engel. Verstärken Sie dies, und begrüßen Sie ihn mit der gleichen Freude, die Jesus besitzt.

Dazu muss man sich bemühen. Man kann es nicht einfach so 'nebenbei' bewirken. Man kann

---

4) Johannes 15, 11

nicht einfach diese oder jene Formel durchziehen oder diesen oder jenen Erfolgskurs fahren. Sie sind keine Roboter Gottes. Sie sind bewusste Wesen, die einen freien Willen besitzen. Sie haben das Potenzial, Gott zu erkennen – und auch den freien Willen, dies abzulehnen.

Sie können ein trauriger Tropf sein, und niemand kann daran etwas ändern, nicht einmal ein Engel, der den ganzen Tag lang für Sie tanzt und vor Ihnen ein Rad schlägt. Wenn Sie beschließen, missmutig zu sein und eine griesgrämige Laune zu haben, so ist das Ihr freier Wille. Dann werden die Engel auch nicht eingreifen.

Hüten Sie das Licht

Sie müssen also das Licht im Basis- oder Wurzelchakra und in all ihren anderen Chakren hüten. Das ist Erzengel Gabriels Warnung. Er sagt, dass die Lebenskraft des Basischakras dazu bestimmt ist, durch Meditation über die ICH BIN-Gegenwart zum Scheitel und zum Dritten Auge angehoben zu werden. Wenn Sie Ihrer ICH BIN-Gegenwart Andacht entgegenbringen, magnetisieren Sie diese Energie. Sie steigt vom Basischakra zum Scheitelchakra auf.

Im Osten wird dieses Licht, diese Lebenskraft, 'Kundalini' genannt. Es ist das 'Mutter Licht'. Auf seinem Weg nach oben durch den Kanal, der Ihre Chakren verbindet, nährt es jedes Chakra mit der Reinheit von 'Mutter Licht'. Diese Lebenskraft ist die Zeugungskraft. Sie ist auch die Kraft der Kreativität.

Wenn Sie dieses reine Licht des Basischakras zum Scheitel empor holen und es in Ihren Chakren halten, können Sie höchst kreativ in allen

Dingen sein, die Sie tun. Wer 'Mutter Licht' bewahrt, zählt zu den kreativsten Menschen auf jedem Gebiet. Sie sind auch die freudigsten Menschen. Freude im Herzen ist das Feuer der Kreativität. Wird diese Energie freilich verschwendet, so bleibt nichts mehr übrig, was man emporholen könnte. Daher sind die Menschen nicht so kreativ, wenn sie diese Lebenskraft nicht bewahren.

Wenn Sie Mantras oder auch irgendwelche anderen Gebete sprechen, die sich für Sie gut anfühlen, oder wenn Sie Yoga und körperliches Training betreiben, können die Engel die Chakren nähren, diese auffüllen und das Licht in Ihrem Tempel verstärken. Das Licht, das Sie in sich tragen, ist das Licht, das Ihren Körper energetisiert und es Ihnen dadurch möglich macht, Krankheiten und Leiden zu trotzen. Das Licht, das Sie tragen, verleiht Ihnen die Energie, die Sie benötigen, um Ihre Mission und Ihren göttlichen Plan zu erfüllen.

Es gibt viele Möglichkeiten, wie wir unser Licht verschwenden können. Eine Art, wie uns das Licht entschwindet, besteht darin, dass wir unsere

Aufmerksamkeit auf so viele, viele Dinge in der Welt richten, und ganz vergessen, unsere Aufmerksamkeit auch Gott zuzuwenden – und sei es auch nur einige wenige Augenblicke, seien es 15 Minuten am Tag.

Halten Sie Ihre Aufmerksamkeit auf Gott konzentriert, so öffnen Sie einen Weg durch Ihr Drittes Auge, durch Ihr Herz, durch Ihre Hingabe und durch Ihren inneren Blick. In der Tat eröffnen Sie eine Autobahn zur Großen Zentralsonne. Über diese Autobahn schicken Sie Ihre Verehrung zu Gott. Gott nimmt diese Verehrung in Empfang, vervielfacht sie und schickt sie Ihnen wieder als Nahrung zurück – als spirituelle Nahrung für Ihren Körper.

Gabriel und seine Engel helfen Ihnen, das Gefühl der Lebensfreude wieder zu gewinnen, ebenso wie sie Ihnen auch helfen, das Licht wieder einzufangen und zu bewahren. Gabriel sagt, dass uns das Gefühl der Lebensfreude überkommt, wenn das Licht durch unsere Chakren strömt. Wenn Sie dieses Licht hüten und nicht zulassen, dass es zerstört wird, so haben Sie die Energie, die Stärke, das Chi, den Schlüssel zur Freude in Ihrem Körper.

Ein Mantra zum Schutz

Ich möchte gemeinsam mit Ihnen das Mantra zum Schutz sprechen, denn das Große Gesetz besagt, dass die Engel uns jeden Tag nur so viel Licht geben werden, wie wir hüten. Wenn wir das Licht im Zuge einer Debatte, eines Streites oder eines Problems, das wir haben, durch uns hindurch wegfließen lassen, wird Gott sein Licht nicht unablässig in unser leckes Gefährt ausgießen.

Daher rufen wir Erzengel Michael an. Dieses Mantra heißt 'Schutz auf Reisen', doch Sie können es überall sprechen, wo auch immer Sie sich befinden. Sie können es für Ihre Lieben und für jeden in der Welt sprechen. Ein einfacher Anruf an Erzengel Michael kann dieses Dekret 'Schutz auf Reisen' für fünfeinhalb Milliarden Menschen auf diesem Planeten wirksam machen. Das ist die Kraft des gesprochenen Wortes und die Kraft Ihrer ICH BIN-Gegenwart. Beschränken Sie Gott nicht. Warum sollte ich dieses Dekret nur für mich sprechen, wenn ich es zum Nutzen eines jeden Menschen auf Erden tun kann? Im Folgenden also ein Beispiel dafür, was Sie sagen können:

"Geliebte ICH BIN-Gegenwart und Heiliges Christusselbst, geliebter Erzengel Michael und alle Engelsscharen des Herrn: Ich rufe euch um euren Schutz für den heutigen Tag an. Schützt jeden auf Erden, alle Menschen zu Hause, alle Kinder überall und all diejenigen, die mit irgendeinem Transportmittel unterwegs sind."

Und damit ist es erledigt. Sie haben den Engeln einen Auftrag erteilt. Da Sie eins mit Ihrem Heiligen Christusselbst, mit Ihrem Höheren Selbst, sind, werden die Engel Ihren Auftrag würdigen. Die Engel sind hier, um dem Sohn Gottes zu dienen, und der Sohn Gottes ist Ihre wahre Identität. Aus diesem Grunde besitzen Sie die Autorität, den Engeln etwas aufzutragen.

Wir wollen jetzt also alle gemeinsam den Engeln und Erzengel Michael einen Auftrag erteilen.

Wenn wir nun dieses Mantra "Schutz auf Reisen" sprechen, ermächtigen wir Erzengel Michael dazu, unsere Energie einzusetzen, um das geschehen zu lassen, worum wir ihn bitten.

Verlag

»Die Silberschnur« GmbH

Postfach 41

D-56590 Horhausen

|||||||||||||||||||||||||||||| SILBERSCHNUR ||||||||||||||||||||||||||||||

www.silberschnur.de · E-Mail: bestellung@silberschnur.de

Kazuo Murakami

Der göttliche Code des Lebens
Ein neues Verständnis
der Genetik

152 Seiten, gebunden
€ (D) 14,90
ISBN 978-3-89845-226-7

Glück, Freude, Inspiration oder Dankbarkeit können nützliche Gene aktivieren – das ist das Ergebnis der Forschungen des Genetikers und Biowissenschaftlers Murakami, der seine Erkenntnisse in diesem Buch in klarer und allgemeinverständlicher Form darlegt – und so endlich der weit verbreiteten These, das Schicksal sei bereits im Genom festgelegt, eine deutliche Absage erteilt.

Ja, ich möchte gerne weitere Informationen erhalten.

Bitte senden Sie mir

O Ihr Verlagsprogramm   O per E-Mail   oder   O per Post

Informationen zu Büchern über:

O Astrologie

O Gartenwelten

O Romane

Jetzt NEU!

O CD & Hörbuch

O Lebenshilfe

O Tarot & Karten

O Informationen zu Seminaren

O Esoterik

O Mensch & Umwelt

O Wissenschaft

Name, Vorname

Telefon   E-Mail

Straße, Hausnummer

Land, PLZ, Ort

Ich erkläre mich einverstanden, dass der Verlag »Die Silberschnur« und Kooperationspartner meine Daten zu Direktmarketingzwecken verwenden dürfen.

Im Himmel gilt 'Energiesparen'. Wenn wir möchten, dass auf Erden Dinge geschehen, so müssen wir unsere Energie als Hingebung, als Anrufung, als Anweisung an die himmlischen Engelsscharen einsetzen. Sie greifen diese Energie dann auf, vervielfachen sie durch ihre gewaltigen Lichtwesen ins Unendliche, machen sich auf den Weg und tun ihr Werk. Aus diesem Grund sind Gebete und Dekrete so wichtig. Wir schicken unsere Energie zu Gott, damit seine Engelsscharen zu unserem Wohle einen Dienst verrichten.

Schutz für Reisende

Erzengel Michael vor mir!
Erzengel Michael hinter mir!
Erzengel Michael zu meiner Rechten!
Erzengel Michael zu meiner Linken!
Erzengel Michael über mir!
Erzengel Michael unter mir!
Erzengel Michael, Erzengel Michael
wo auch immer ich geh'!

ICH BIN im Schutz seiner Liebe hier!
ICH BIN im Schutz seiner Liebe hier!
ICH BIN im Schutz seiner Liebe hier!

Traveling Protection

Lord Michael before, Lord Michael behind,
Lord Michael to the right, Lord Michael
to the left,
Lord Michael above, Lord Michael below,
Lord Michael, Lord Michael wherever I go!
I AM his Love protecting here!
I AM his Love protecting here!
I AM his Love protecting here!

Sie können dieses Mantra so oft sprechen, wie
Sie wollen. Sie können es sprechen, während Sie
im Auto fahren, zu Fuß zu Ihrem Bestimmungs-
ziel unterwegs sind oder auch Ihre Hausarbeit
erledigen. Sie werden spüren, wenn Sie es oft

genug gesprochen haben, damit es als Siegel und Schutz wirkt.

Wenn Sie stark sind, weil Gottes Licht in Ihnen ist, können Sie die Werke Gottes verrichten. Gabriel sagt, dass es von Gott so geplant ist, dass der Strom des Lichts in Ihren Chakren von der Basis bis zum Scheitel Sie in einem Zustand der puren Ekstase und perfekten Gesundheit hält. Der Grund hierfür ist, dass das nährende Licht sich in all Ihren Organen befindet. Befindet sich dieses Licht nicht im Fluss, so sagt er, dann stellen sich Degeneration, Verfall, Krankheit und Tod ein.

Oh mächtiges Licht

Im Anschluss werde ich Ihnen einen der fantastischsten Anrufe mitteilen, die ich je kennen gelernt habe, um das Licht herbeizurufen. Es ist 'Oh mächtiges Licht' und stammt von einem weiblichen Lichtwesen, das von so viel Licht umgeben ist, dass es den Titel 'Göttin des Lichts' erhalten hat. Dies bedeutet nicht, dass wir an viele Götter und Göttinnen glauben. Die Bezeichnung 'Göttin' bedeutet, dass sie in ihrer Aura das Licht des weiblichen Aspektes Gottes trägt.

Ich lade Sie hiermit ein, die Augen zu schließen und ein sehr präzises Gebet dahingehend zu formulieren, wohin dieses Licht, das Licht, das Sie nun herbeirufen, Ihrem Willen gemäß geschickt werden soll. Visualisieren Sie alles, was Sie im Gebet mit Worten ausgesprochen haben, auch vor Ihrem geistigen Auge. Sprechen Sie die Worte der Affirmation mit entsprechender Aufmerksamkeit. Bewahren Sie jedoch zugleich das Gedankenbild, das zeigt, wohin Sie dieses Licht schicken, vor Ihrem geistigen Auge.

*Oh mächtiges Licht
von der Göttin des Lichts*

ICH BIN Licht, innen wie außen,
breite dich aus, breite dich aus,
breite dich auf ewig aus!
Bewusstseinsfeld, innen wie außen,
nimm Gottes Licht in dir auf und
befehlige dann,
dass sich das Licht Gottes auf
ewig ausbreiten möge!

Erfülle die Welt, das Land, die Luft,
das Wasser und den Himmel und alles
mit Bewusstsein, denn ICH BIN da,
teile Gott und freudiges Gebet –
über die Grenzen der Erde hinaus
in den Weltraum
verbreite die Kraft der kosmischen Gnade.

Unser Gott ist dort und überall,
und wo ICH BIN, da bist auch du,
um das Bewusstsein deiner Wahrheit
zu erhöhen,

und zeige mir vor meinem inneren Auge
des ICH BIN
die heilige Schönheit des Himmels.

Ich sehe dein Licht von diamantenem Schein,
wie es glitzert, wie es scheint, durch und durch
die Poren des Selbst im gewaltigen Körper,
dem makrokosmischen Universum.
ICH BIN mit dir, oh Gott, ich sehe,
wie sich das Licht ausbreitet als Weg zu dir.
Die Kraft strömt, mein Körper glüht,
und Christus in mir und Christus im Außen,
zeigt mir:

ICH BIN der Weg zu Frieden und Kraft –
dein Geist macht mich eins zu dieser Stunde.
Oh Gott, fordere und befehle nun
deine Gegenwart in unseren heiligen Bund
der Anhänger der göttlichen Gnade –
zeige mir, befehle mir, wo ich meinen
Platz einnehmen soll!
Im Bunde der Freiheit werde ich immer stehen,
mit der Kraft des Sieges wache ich zu
dieser Stunde,

um diesen Strom der Kraft zu spüren,
zu spüren.

Lodere durch mich, du Licht Gottes,
Spiralnebel, Sonnen des Lichts!
Lodere durch mich, du Wahrheit Gottes –
erfülle meinen Verstand mit großer Freude.
ICH BIN deine Anmut, hier offenbart,
deine perfekte Liebe scheint hell und klar.

Befehle deinem Selbst, mein zu sein,
breite dich aus, breite dich aus,
im Namen des Himmels!
Befehle meiner Seele, deine Flamme zu sein,
breite dich aus, breite dich aus,
oh göttliche Liebe!

O Mighty Light
by the Goddess of Light

I AM Light within, without,
Expand, expand, and forever expand!
Field of consciousness within, without,
Absorb God's Light and then command
Light of God to forever expand!

Fill the world, the land, the air,
The sea and sky and everywhere
With awareness for I AM there,
Sharing God and joyous prayer-
Beyond the earth in outer space
Expand the power of cosmic grace.

Our God is there and everywhere,
And where I AM, O Thou art, too,
To increase awareness of thy Truth
And show me in my I AM eye
The holy beauty of the sky.

I see thy Light of diamond hue
Sparkling, shining, through and through

The pores of self in body large,
The macrocosmic universe.
I AM with Thee, O God, I see
The Light expand as path to Thee.
The power flows, my being glows,
And Christ within, without me shows

I AM the way to peace and power;
Thy Spirit makes me one this hour.
O God, demand and now command
Thy Presence in our holy band
Of devotees of heaven's grace-
Show me, command me to take my place!
In Freedom's band I'll ever stand,
By Victory's power I wake this hour
To feel, to feel that flow of power.

Blaze right through me, Light of God,
Spiral nebulae, suns of Light!
Blaze right through me, Truth of God-
Fill my mind with great delight!
I AM thy Grace, manifest here,
Thy perfect Love is shining clear.

Command thy Selfhood to be mine,
Expand, expand in heaven's name!
Command my soul to be thy flame,
Expand, expand, O Love Divine!

Gabriel in der Welt der Religionen

Das Wort 'Gabriel' bedeutet 'Gott ist meine Stärke', 'Mensch Gottes' oder 'Held Gottes'. Gabriels Symbol ist die Lilie. In der christlichen Kunst wird Gabriel manchmal mit einer Lilie in der Hand dargestellt.

Erzengel Gabriel nimmt in drei der Weltreligionen eine herausragende Stellung ein: im Judentum, im Islam und im Christentum. Im Alten Testament ist er der Botschafter, der von Gott ausgesandt wurde, um Daniels Visionen zu interpretieren und ihm Verständnis und Weisheit zu vermitteln. Der jüdischen Überlieferung zufolge gab Gabriel Joseph, dem Sohn Jakobs, sowie Mose Anweisungen, um sie auf ihre Führungsrollen vorzubereiten. In den Schriften der Rabbiner ist Gabriel der Prinz der Gerechtigkeit. Origen von Alexandria, ein christlicher Gelehrter des dritten Jahrhunderts, bezeichnete Gabriel als den 'Engel des Krieges'.

Einem bestimmten System der Kabbalah zufolge (dem System des jüdischen Mystizismus) verkörpert Gabriel Yesod, den neunten Sefira im Baum des Lebens. Es gibt im Baum des Lebens zehn Sefirot, die alle bestimmte Aspekte von Gottes Wesen sind, Stufen göttlicher Manifestation. Yesod ist das Fundament und stellt die Zeugungskraft des Lebens im Universum dar.

Das negative Gegenstück zu Gabriel in der falschen Hierarchie ist Gamaliel und bedeutet 'Der Obszöne'. Der Erzteufel, der sein Gegenstück ist, ist Lilith.

In der islamischen Tradition wird Gabriel als der 'Engel der Offenbarung' beschrieben, der wiederholt erschien, um die Propheten zu unterweisen. Die Moslems glauben, dass Gabriel der Engel war, der Mohammed den Koran diktierte. Sie nennen Gabriel den 'Geist der Wahrheit'.

In der christlichen Tradition ist Gabriel der 'Engel der Verkündigung und der Inkarnation'. Er fördert die Inkarnation des Christus und des Buddha in jedem von uns. Er verkündigte Zacharias, dass Johannes der Täufer seiner Ehefrau

Elisabeth geboren werden würde. Er kündigte Maria an, dass sie das Christuskind, Jesus, zur Welt bringen würde. Er verkündete Joseph, dass Maria schwanger war.

Gabriels Chakrenmeditation

Erzengel Gabriel lehrt eine Übung, mit der Sie das Licht der Freude in Ihren Chakren halten können. Mit dieser Übung versiegeln und schützen Sie zugleich auch Ihre Chakren.

Diese Übung, 'Gabriels Chakrenmeditation', können Sie morgens gleich nach dem Erwachen machen, ja sogar noch, bevor Sie überhaupt aus dem Bett steigen. Führen Sie die Übung auch während des Tages durch, wann immer Sie Ihre Chakren energetisch aufladen und versiegeln möchten.

Obgleich Ihre Chakren entlang der Wirbelsäule sitzen, führen Sie bei dieser Übung Ihre rechte Hand zum Scheitel und dann die Vorderseite des Körpers entlang über jedes Chakra.

1. Herzchakra und Chakra der Geheimkammer des Herzens

Legen Sie Ihre linke Hand auf Ihr Herzchakra, in der Brustmitte. Lassen Sie Ihre linke Hand während der gesamten Meditation dort ruhen. Legen Sie dann Ihre rechte Hand auf Ihre linke.

Visualisieren Sie eine glühende weiße Scheibe etwa von der Größe einer Untertasse in der Mitte Ihres Brustkorbs. Gabriel nennt diese weiße Scheibe "Energieelektrode". Visualisieren Sie, wie Ihre rechte Hand diese weiße Scheibe aus der Geheimkammer Ihres Herzens herauszieht. Spüren Sie, wie Sie dieses weiße Licht mit der Handfläche herausziehen. Sie werden es nun dazu benutzen, jedes der Chakren mit Energie zu versorgen.

Lassen Sie Ihre Hände weiterhin über Ihrem Herzchakra ruhen, und zentrieren Sie Ihre Liebe in Ihrem Herzen. Spüren Sie, wie das Feuer Gottes sich in Ihrem Herzen verstärkt. Sehen Sie es als weißes Feuer, das sich rosa verfärbt. Rosa ist die Farbe der Liebe, die Farbe des Herzchakras.

2. Kronenchakra

Während Sie Ihre linke Hand auf dem Herzchakra ruhen lassen, halten Sie nun Ihre

rechte Hand einige Zentimeter über Ihr Kronenchakra. Mit Ihrer linken Hand zapfen Sie
Energie von Ihrem Herzen. Mit Ihrer rechten
Hand bringen Sie diese Energie über Ihr Kronenchakra.

Die Energie, die Ihr Herz nährt, strömt den
kristallklaren Lichtkanal, die Silberschnur, entlang
herab, die vom Herzen Ihrer ICH BIN-Gegenwart
kommt. Diese Energie tritt über das Kronenchakra ein und kommt am Herzen an. Sie greifen
jetzt diese Energie vom Herzen ab. Bewegen Sie
Ihre linke Hand nicht fort. Spüren Sie hingegen,
wie Ihre linke Handfläche die Energie von Ihrem
Herzen zieht und Ihre rechte Hand diese Energie
direkt über das Kronenchakra bringt.

Schließen Sie nun die Augen, und visualisieren
Sie diese weiße Scheibe über Ihrem Scheitel. Es ist
eine Lichtscheibe, die Ihr Kronenchakra auflädt.
Sie können mit der rechten Hand leichte kreisen-
de Bewegungen im Uhrzeigersinn über Ihrem
Kronenchakra machen.

Visualisieren Sie die weiße Scheibe, ihr intensi-
ves weißes Feuer, das so funkelt, wie Sonnenlicht,
das auf frisch gefallenen Schnee scheint. Es ist ein

blendend-weißes Licht, das enorm energiegeladen ist. Damit wird Ihr Kronenchakra aufgeladen. Während ich dies tue, spüre ich, wie mein Kronenchakra – vom Licht erfüllt – richtig vibriert.

Jetzt übertragen Sie weißes Feuer auf Ihr Kronenchakra. Sie benutzen dazu die Chakren in Ihren Handflächen, die so genannten 'Sekundär-Chakren', um das Feuer Gottes zu übertragen.

Bewegen Sie Ihre rechte Hand weiterhin in sanft kreisenden Bewegungen im Uhrzeigersinn, um den Lichtfluss zu aktivieren.

3. Drittes Auge

Wenn Sie das Gefühl haben, dass Sie den Kontakt hergestellt haben, und es intensiv genug ist, lassen Sie Ihre linke Hand weiterhin auf Ihrem Herzen ruhen und bewegen Ihre rechte Hand etwa zwei Zentimeter vor Ihr drittes Auge, das in der Mitte zwischen Ihren Augenbrauen sitzt. Visualisieren Sie, wie die weiße Feuerscheibe in Ihrer rechten Hand über Ihrem Dritten Auge im Kreis wirbelt und sich dreht. Bewegen Sie Ihre

Hand im Uhrzeigersinn, und spüren Sie, wie diese Energie Ihr Drittes Auge aktiviert.

Manche unter Ihnen werden ein Vibrieren im Dritten Auge und im ganzen Kopf verspüren. Gehen Sie 'auf Empfang' für dieses Licht. Empfangen Sie das Licht. Öffnen Sie Ihr Herz, Ihren Scheitel, Ihr Drittes Auge für das Licht.

4. Kehlchakra

Wenn Sie das Gefühl haben, Ihr Drittes Auge energetisiert und den Höhepunkt erreicht zu haben, sind Sie bereit, Ihre rechte Hand vor Ihr Kehlchakra zu halten, um das Gleiche durchzuführen.

Visualisieren Sie, wie diese Scheibe aus gleißendem, weißem Licht jetzt an der Basis Ihres Halses die Schilddrüse und die Thymusdrüse aktiviert. Sehen Sie, wie sie sich dreht. Spüren Sie, wie das Feuer das Kraftzentrum aktiviert. Wenn Sie spüren, wie sich ein Vibrieren vom Scheitel über das Dritte Auge durch das 'innere Ohr' den Hals hinab bewegt, spüren Sie es nun an der Basis Ihres Nackens.

5. Herzchakra

Wenn Sie das Kehlchakra energetisch aufgeladen haben, bewegen Sie Ihre Hand zirka zwei Zentimeter über Ihr Herzchakra. Die linke Hand bleibt nach wie vor an ihrem Platz. Die linke Hand zieht die Energie und leitet sie an die rechte Hand weiter. Machen Sie mit der rechten Hand kreisende Bewegungen über Ihrem Herzchakra. Sie können dabei einige tiefe Atemzüge nehmen. Spüren Sie, wie Sie Ihr Herz aufladen, Ihr physisches Herz, Ihr Herzchakra, die 12 Blütenblätter Ihres Herzchakras. Dies ist eine Handlung, die Schutz gibt, die versiegelt, die Stärke verleiht.

6. Solarplexus

Wenn Sie mit dem Herzchakra fertig sind, gehen Sie zum Nabelpunkt über. Spüren Sie, wie das Licht einströmt und absoluten Frieden schafft, während Sie Ihre rechte Hand über der Nabelzone kreisen lassen. Lassen Sie alles los, was in Ihrer Welt, in Ihrem Leben im Unfrieden ist – alle Streitigkeiten, alle

Reibungspunkte, alle ungelösten Probleme. Lassen Sie diese vom Feuer verzehren, und nehmen Sie das Geschenk des kosmischen Christusfriedens auf der Ebene Ihres Solarplexus an.

Jesus' Mantra für den Solarplexus lautet:
"Frieden, sei still und wisse: ICH BIN Gott."

Wir wollen es gemeinsam sprechen:
"Frieden, sei still und wisse: ICH BIN Gott."
"Frieden, sei still und wisse: ICH BIN Gott."
"Frieden, sei still und wisse: ICH BIN Gott."

7. Ckakra 'Sitz der Seele'

Gehen Sie nun zu Ihrem Chakra 'Sitz der Seele' über, in der Mitte zwischen dem Nabel und der Basis der Wirbelsäule. Die Seele ist sehr zart und sehr zerbrechlich. Ihre Seele entspricht Ihrem inneren Kind und doch ist sie ganz weise und all-wissend. Versiegeln Sie Ihre Seele nun im Feuer des Christus. Visualisieren Sie diese gleißende, weiße Lichtscheibe über Ihrem Chakra 'Sitz der

Seele'. Beruhigen Sie Ihre Seele: "Oh meine Seele, sei im Frieden."

8. Basis- oder Wurzelchakra

Gehen Sie nun zu Ihrem Basischakra über. Lassen Sie Ihre Hand vor diesem 4-blättrigen Basischakra, dem weißen Feuer, 'Mutter Licht' wieder kreisen und dieses versiegeln.

9. Von der Wurzel zur Krone

Bewegen Sie jetzt Ihre Hand langsam die Chakren entlang nach oben, und lassen Sie dabei Ihre linke Hand über Ihrem Herzen ruhen. Sie können bei jedem Ihrer Chakren innehalten, während Sie Ihre rechte Hand immer weiter nach oben bis zum Scheitel bewegen. Sie können dies langsam und mehrmals hintereinander tun, wobei Sie stets wieder an der Basis beginnen müssen. Versiegeln Sie das Licht, und heben Sie es an. Heben Sie es bewusst durch Ihren Willen an.

10. Rückkehr zum Herzen

Zum Abschluss dieses Rituals legen Sie Ihre rechte Hand zurück auf Ihr Herz. Chanten Sie dann, wenn Sie möchten, das "Om".

Gabriel sagt, dass der beständige Energiefluss, der wie ein Lichtfluss durch Ihre Chakren fließt, Sie voller Freude und Gesundheit erhalten wird. Halten Sie diesen Lichtfluss durch Ihre Chakren und Ihre vier niederen Körper jedoch nicht aufrecht, so können Degeneration, Verfall, Depression und Krankheit einsetzen.

Wir alle kennen das Gefühl, wenn wir uns in einem Zustand der Glückseligkeit befinden, und es kommt plötzlich jemand daher, der mächtig 'Bammel' hat oder in eine schwarze Wolke gehüllt ist und über nichts und niemanden etwas Positives zu sagen weiß. Von einem Moment auf den anderen gefriert Ihnen dann das Lächeln auf den Lippen, und Sie fühlen sich irgendwie ziemlich bedrückt. Erzengel Gabriel sagt, dass Sie in solch einem Augenblick Ihre Lichtsäule herbeirufen,

Mantras zur violetten Flamme sprechen (siehe S. 41ff) und Ihre Chakren mit dieser Übung versiegeln sollten. Er sagt: "Dies können Sie mehrmals am Tag tun, besonders, wenn Sie sich ausgelaugt fühlen, nachdem Sie unter vielen Menschen waren."

Eine Partnerschaft mit den Erzengeln

Eine Thematik, die Gabriel oft anspricht, besteht darin, dass Gott Sie braucht. Er erklärt uns: "Man sollte eine Partnerschaft mit den Erzengeln Gottes eingehen ... eine Kooperation und eine Zusammenarbeit Schulter an Schulter für den Sieg." Nur wenn Sie die Erzengel anrufen, können diese in Ihre Welt eintreten und Leben retten, "denn das Gesetz des freien Willens wird auf dem Pfad der Initiation immer der Grundton bleiben", sagt er.

Solange wir nicht unseren gottgegebenen freien Willen einsetzen, um die Erzengel anzurufen, dürfen diese nicht in unser Leben treten und uns helfen, unsere Probleme zu lösen. Bedenken Sie dies. Gott im Herzen eines Engels oder Erzengels braucht Ihren expliziten Befehl, Ihr bestimmtes Wort, um für Sie in Aktion treten zu können. Wenn Ihnen gerade nichts einfällt, was Sie zu einem Engel sagen könnten, so sagen Sie ganz einfach: "Erzengel Michael, hilf mir, hilf mir, hilf mir!" Schicken Sie einfach einen Notruf aus, wenn Sie in Schwierigkeiten sind und augenblicklich Hilfe benötigen.

Dieser Aussage zum Trotz haben viele von Ihnen bereits erlebt, dass die Engel in Ihr Leben eingegriffen haben, obgleich Sie diese weder gerufen noch ein Gebet gesprochen hatten. Hierfür gibt es mehrere Gründe. Vielleicht betet gerade jemand für Sie. Oder die Engel sind zu Ihnen gekommen, weil Sie aufgrund dieses Lebens oder vergangener Leben eine dauerhafte Beziehung zu Gott und seinen Engeln besitzen, obgleich Sie sich dieser nach außen hin vielleicht nicht einmal bewusst sind. Ihre Seele pflegt eine dauerhafte Beziehung zu Gott und den Engeln.

Vielleicht schreit Ihre Seele aber auch auf der Ebene des Unterbewusstseins nach Gott und fleht um seine Hilfe, ganz gleich, was Ihr Verstand im Außen gerade auch tun mag. Außerdem gibt es noch das Gebet des Herzens, das sich oft nicht einmal richtig in Worte fassen oder bewusst formulieren lässt. Es erreicht den Thron der Gnade und erhält postwendend eine Antwort direkt aus dem Herzen Gottes. Sogar das Gebet aus einer Sehnsucht heraus, aus einer alles verzehrenden Sehnsucht, geliebte Menschen von den Fesseln des Schmerzes und Leids zu befreien, wird von Gottes Engelsdienern beantwortet.

Sie sind sich vielleicht gar nicht bewusst, dass Ihre Seele schon seit langer Zeit mit innerem Beten beschäftigt war und auch ist. Seien Sie sich weiterhin gewiss, dass Gott ein Gebet, das von Herzen kommt, immer beantwortet. Außerdem antwortet er, indem er seine Engelsdiener aus-schickt, um uns Führer, Beschützer und Freunde zu sein.

Der freie Wille

Und so lautet das Gesetz, dass Gott uns den freien Willen im 'Reich der Kniebänke' geschenkt hat. Wir verließen seine flammende Gegenwart, wir verließen das Reich der Perfektion, wir bürdeten uns Karma auf. Gott sagte: "Ich schenke euch den freien Willen im gesamten materiellen Universum. Tut, was ihr wollt. Wenn ihr Hilfe wollt, müsst ihr uns rufen, denn ich habe euch den freien Willen in allem, was ihr tut, garantiert und gewährt."

Aus diesem Grund gibt es Menschen, die einen Mord begehen, Kinder missbrauchen, sie falsch ernähren, ihnen Tabak und Drogen geben. Es kommt kein Engel des Weges, um zu verhindern, dass ein Kind stirbt oder ins Feuer fällt, oder was auch immer. Es passierte, weil niemand da war, der um Hilfe rief. Außerdem hatten die Menschen, die in diese Situationen verwickelt waren, kein Bedürfnis nach dem Eingreifen der Engel.

Sie erkennen also, dass wir, wenn Gott bei allem einschreiten würde, was wir tun, auf Gott wütend werden würden. Immer dann, wenn wir gerade drauf und dran wären, etwas zu tun, würde Gott oder einer seiner Engel uns stoppen. Auf diese Weise würden wir niemals die Gelegenheit bekommen, von unseren Fehlern oder auch von unseren guten Ideen zu lernen. Wir besitzen wirklich völlige Freiheit. Und die Engel unterstehen dem absoluten Gesetz Gottes. Sie müssen jeden Ruf, den wir tun, beantworten, solange dies mit Gottes Willen vereinbar ist.

Gabriel sagt, dass die Engel die Armeen sind, die den Söhnen und Töchtern Gottes zugeteilt sind. Sie kommen zur Erde, um seinen Willen als Antwort auf Ihren Ruf auszuführen. "Wenn eure Anweisungen im Einklang mit diesem Willen und diesem verschrieben sind, so gibt es hundertprozentige Hilfe."

Hilfe bei der Arbeitssuche

Sophy Burnham veröffentlichte in ihrem Buch "Briefe über Erfahrungen mit Engeln" einen Brief von einem Mann, der behauptet, dass die Engel sehr gut darin sind, für Arbeitslose eine Stelle zu finden. Er schreibt, dass sein Vater seinen Arbeitsplatz in der Stahlfabrikation verlor, als er selbst 12 Jahre alt war. Er konnte keine Arbeit mehr finden, und seine Halbtagsbeschäftigungen reichten nicht aus, um die Familie zu ernähren.

Der Mann berichtet, dass er auf dem Heimweg von der Schule eines Tages in seine Kirche hineinging, um um Hilfe für seinen Vater zu bitten. "Während ich so durch das Mittelschiff nach vorn schritt", schreibt er, "überkam mich ein sehr seltsames Gefühl, vergleichbar mit dem Zustand, wenn man betrunken ist und all seine Probleme vergisst. Ich betete und wusste, dass mein Gebet erhört werden würde. Ich ging völlig sorglos nach Hause. Als meine Mutter mir erzählte, dass mein Vater an jenem Tag einen Arbeitsplatz gefunden hatte, beschloss ich, meine Erfahrung für mich zu behalten." Er sagt, dass er spürte, dass die Engel seinem Vater diese Stelle vermittelt hatten.

Vierzig Jahre später machte er eine ähnliche Erfahrung. Sein Sohn Dean war Fahrer für ein staatliches Unternehmen. Er wollte jedoch sesshaft werden und einen Arbeitsplatz vor Ort finden. Er bat seinen Vater darum, Bewerbungsschreiben an potenzielle zukünftige Arbeitgeber für ihn zu verschicken. Doch in jener Gegend waren Arbeitsplätze rar und die Arbeitslosigkeit hoch.

"Nachdem ich für ihn zwei Briefe eingeworfen hatte, konnte ich die dritte Adresse nicht finden", schreibt der Mann. "Ich hatte hilfesuchend in den 'Gelben Seiten' geblättert und merkte, dass sich diese auf einer Seite mit Baulieferfirmen aufgeschlagen hatten. Plötzlich stieg das gleiche warme Gefühl in mir auf, wie 40 Jahre vorher. Der Name eines Anbieters vor Ort sprang mir ins Auge."

Er war so zuversichtlich über jenes Unternehmen, dass er im Namen seines Sohnes einen Brief schrieb und sich für diesen um eine Stelle bewarb.

Sonntags betete er in der Kirche darum, dass bei jenem Unternehmen eine Stelle frei werden würde. "Am Montagmorgen klingelte das Telefon", schreibt er, und Dean wurde zu einem Interview eingeladen. Am nächsten Tag hatte er den Arbeitsplatz." Am gleichen Tag, als sein Brief eingegangen war, hatte ein Angestellter gekündigt. "Vielleicht betreiben die Engel eine Arbeitsvermittlungsagentur!", schreibt er. [5]

---

5) Siehe Sophy Burnham, "Angel Letters" ("Briefe über Erfahrungen mit Engeln"), New York, Ballantine Books, 1991, S. 52-54.

"... dass du deinen Fuß nicht an einem Stein stoßest"

Im Folgenden möchte ich ein sehr anschauliches Beispiel dafür anführen, wie die Engel auf das Gebet einer besorgten Mutter reagierten. Diese Geschichte erschien in der Dezemberausgabe der Zeitschrift 'Magazin für die Dame und ihr Heim' ('Ladies' Home Journal') im Jahr 1992.

Shirley, eine Nachtschwester im örtlichen Krankenhaus, hatte gerade mit ihren Morgenandachten begonnen, als sie spürte, wie sie ein eiskalter Schauer überlief. Sie sagt, sie wusste mit absoluter Gewissheit, dass ihre 13-jährige Tochter Janie in großer Gefahr schwebte. Shirleys ganzer Körper zitterte.

Janie befand sich in Arizona zu Besuch bei ihrem Bruder und ihrer Schwägerin. Sie war offensichtlich über das Sicherheitsgitter geklettert, um eine bessere Aussicht auf die 'Painted Desert' zu haben. Sie verlor den Halt unter den Füßen und begann, die Steilwände des Canyon hinabzurutschen. Trotz ihrer verzweifelten Versuche konnte sie nicht verhindern, dass sie immer weiter abrutschte, und sie schien in den sicheren Tod zu stürzen.

"Zu Hause in Michigan", heißt es in der Geschichte, "rief Shirley in ihrer Verzweiflung die Engel an, um ihre Tochter zu retten. Sie las laut den Psalm 91: "Denn er hat seinen Engeln befohlen über dir, dass sie dich behüten auf allen deinen Wegen, dass sie dich auf den Händen tragen und du deinen Fuß nicht an einem Stein stoßest."

In exakt dem Augenblick, als Shirley ihr Gebet beendet hatte, kam Janie wie durch ein Wunder zum Halten. "Es war, als hätte sich eine unsichtbare Hand auf ihrem Weg ausgestreckt und sie festgehalten. Ohne Hilfe in Sicht schob sich das Mädchen, das ganz benommen war, Zentimeter um Zentimeter auf dem Hinterteil wieder zurück nach oben ... Als Janie wieder oben angekommen war ... wurde Shirley von einem großen Gefühl des Friedens überwältigt. Sie wusste, dass ihre Tochter nun sicher war." [6)]

Dauergebete

Erzengel Gabriel drängt uns dazu, Dauergebete zu sprechen. Wenn wir ein Gebet sprechen, das alle Menschen auf der Welt einschließt, wie ich es oben erwähnt habe, können wir die Engel dazu ermächtigen, auf unterschiedliche Weisen zu helfen, derer wir uns nicht einmal bewusst sind. Der Apostel Paulus erteilte den Thessalonikern den Rat: "Betet ohne Unterlass." Was sind 'Dauergebete'? Gabriel sagt: "Dauergebete sind Gebete, die von Herzen kommen und ständig weitergehen, selbst wenn ihr euren Geschäften nachgeht und euch um all die Dinge kümmert, die euer Karma erfordert."

Sie können ganz kurze Sätze als Gebete sprechen. Sie können spüren, wie die Liebe Gottes in Ihrem Herzen emporwallt – eine solch große Liebe Gottes, dass in Ihnen der Wunsch entsteht, seine Engel zu rufen, um diese Liebe allen entgegenzubringen, die Trost brauchen und trauern.

---

6) "Ladies' Home Journal" ("Magazin für die Dame und ihr Heim"), Dezember 1992, S. 64.

Zur Rettung der Menschen des Lichts

Erzengel Gabriel erinnert uns oft daran, dass Gott die sieben Erzengel gesandt hat, um die Menschen des Lichts auf Erden zu retten. Dies war Thema der Diktate, die die sieben Erzengel uns auf unserer Neujahrskonferenz im Jahr 1981 übermittelt hatten - "Die Klasse der Erzengel". Diese Diktate sind in der Ausgabe "Pearls of Wisdom" ("Perlen der Weisheit") des Jahres 1981 nachzulesen. Es handelt sich dabei um markante Botschaften, die wie Meilensteine sind.

Gabriel warnte in seinem Diktat, dass es Kräfte auf nichtphysischer Ebene gibt, die auf subtile Weise gegen Sie arbeiten. Diese bewirken, dass Sie leicht süchtig nach Substanzen wie Nikotin, Alkohol und Drogen werden. Diese Substanzen blockieren den Lichtfluss in den Chakren und führen zu falschem Urteilsvermögen, Paranoia und anderen emotionalen Störungen.

Gabriel sagte, dass diese Kräfte auch gegen Sie arbeiten können, indem sie mittels 'aggressiver mentaler Suggestionen', wie er dies nennt, in Ihren Verstand und in Ihr Herz eindringen. Diese Kräfte können Zweifel und Angst projizieren und Sie glauben machen, dies seien Ihre eigenen Emotionen, obgleich sie es gar nicht sind. Daher müssen Sie wissen, wer Sie sind, was Sie glauben und denken, und dürfen sich nicht von irgendwelchen unsichtbaren Kräften beeinflussen lassen.

Gabriel sagte, Ihr bester Schutz vor diesen negativen Kräften besteht darin, täglich zu den Erzengeln zu beten und Ihre Chakren und Ihre vier niederen Energiekörper rein zu halten. Ihre vier niederen Körper sind ineinander verflochten. Sie haben einen physischen Körper, den Sie sehen. In diesen Körper geht der Körper der Wünsche (Emotionen) über, dann der Mentalkörper (der kognitive Verstand), dann der Körper der Erinnerung (Ätherleib), der all die Aufzeichnungen Ihrer Seele enthält, die Sie jemals erlebt haben, seitdem Sie vor Ewigkeiten aus Gott hervorgegangen sind.

Gabriel sagt: "Diejenigen, die den Weg der Rechtschaffenheit gehen, die mit der ICH BIN-Gegenwart in Resonanz stehen, ... diejenigen, die im Herzen offen und rein sind und nicht betrügerisch sind, sind reine Kanäle, in welchen das Licht fließen kann." Das Licht reinigt und klärt die vier niederen Körper tagtäglich wie ein mächtiger Wasserfall.

Er warnt uns: "Ihr könnt ohne die 'Waschung' des Verstandes, des Herzens und des Körpers, die erforderlich sind, nicht überleben. Ihr könnt nicht überleben, ohne die Grundgesetze der Ernährung zu beachten. Ihr könnt nicht wachsam sein und die vollumfassende Integration in euer Christusselbst erfahren, wenn ihr Substanzen, Drogen oder Unreines zu euch nehmt, die zeitweise oder über lange Zeiträume hinweg den Lichtfluss in seiner ganzen Fülle hemmen ... Wisset: Wann immer ihr nicht mit eurem Christusverstand im Einklang seid, steht viel auf dem Spiel."

Es gibt viele Dinge, die den Lichtfluss auf verschiedenen Ebenen Ihres Seins blockieren können.

Im physischen Körper: schweres Essen, Chemikalien, Nahrungsmittelzusätze sowie alle Arten von Drogen verstopfen den Körper. Im Körper der Wünsche: Zügellose Bedürfnisse verstopfen den Körper. Dieser Körper soll eigentlich unser Bestreben nach Gott ausdrücken und in seinem Dienst stehen. Im Mentalkörper: spiritueller und intellektueller Stolz, Ungehorsam und Neid verstopfen den Körper. Im Körper der Erinnerung oder Ätherleib: Die Aufzeichnungen der Vergangenheit, die durch die violette Flamme verzehrt werden müssen, verstopfen den Körper. Wenn der Mensch in ein bestimmtes Alter kommt – 60, 70, 80 oder 90 Jahre – beginnt er, beständig die Vergangenheit hin- und herzuwälzen, anstatt nach vorn in eine Zukunft des Lichts und des Ruhmes zu blicken. Dies kommt daher, weil sie mit der violetten Flamme den Körper der Erinnerung reinigen müssten.

Erzengel Gabriel wird Ihnen helfen, sich auf allen Ebenen Ihres Seins zu reinigen. Sie können dies bewirken, indem Sie Dekrete zur violetten Flamme benutzen.

Gabriel verspricht, dass er Ihnen, wenn Sie ihn im Namen Ihrer ICH BIN-Gegenwart und des Christusselbst anrufen, die volle Kraft der Reinheit schenken wird, die er selbst erlangt hat, um Ihnen zu helfen, Ihre Motive und Wünsche zu reinigen.

Sie können mithelfen,
die Erde zu retten

Gabriel lehrt, dass die Engel, wenn Sie nicht in Ihrem Christusselbst zentriert sind, Sie nicht benutzen können, um ihr Licht in Ihnen zu verankern, um die Erde zu retten. Sie werden sich vielleicht wundern, wie Gott Sie einsetzen kann, um die Erde zu retten. Nun, Gabriel erklärt, dass die Engel, während sie die Erde überwachen "darauf achten, Naturkatastrophen, den Verlust des Lebens, gesundheitliche Epidemien, Wettermanipulationen ... gefährliche radioaktive Niederschläge und [das Eindringen] von radioaktiver Strahlung in die Körperzellen abzuwenden." Er sagt: "Wir machen innerhalb weniger Sekunden eine 'Messung' ... Mit dem Computer des Verstandes Gottes filtern und finden wir diejenigen heraus, die sich auf einem gewissen Niveau des Christusbewusstseins befinden, und lenken den Lichtstrom umgehend [durch diese], um ein großes Unheil abzuwenden. Ein Strahl Gottes ist, wie der Strahl eines Scanners, in der Lage, genau zu sondieren, wer auf diesem Planeten in der

Lage ist, dieses Licht, das Leben retten wird, zu empfangen."

Befinden Sie sich im richtigen Gemütszustand, werden die Engel Sie mit Licht anfüllen. So halten Sie die Balance für Ihr Zuhause und Ihre Stadt eben durch das Licht, das in Ihnen ist. "All diejenigen, die in jenem Moment über Licht in diesem Maße verfügen, werden dann zu Werkzeugen", sagt er.

Wenn Sie beim Sprechen Ihrer Gebete und Dekrete oder auch beim Üben, sich selbst in aufrichtiger Achtsamkeit zu halten, einen Tag Pause einlegen, wenn Sie beschließen, auf große Einkaufstour zu gehen oder dies oder jenes zu tun und einfach einmal bei Ihren spirituellen Übungen einen Tag 'blau' machen, könnte dies genau der Tag sein, an dem Gott Sie gern benutzen würde, um Sie für andere mit seinem Licht anzufüllen.

Die Engel werden aus Ihrem Körper eine Lichtelektrode machen. Wenn Sie spüren, dass das Licht Sie überkommt, sprechen Sie Dekrete und Gebete oder singen Sie spirituelle Lieder. Vervielfachen Sie das Licht in dem Wissen, dass Gott Ihnen das Licht nicht nur zu Ihrem Privatvergnügen schenkt. Er spendet Ihnen dieses Licht, weil die Menschen um Sie herum es gerade brauchen und es in ihren eigenen Chakren und Körpern nicht halten können.

"Wenn Sie große Naturkatastrophen erleben", sagt Gabriel, "so sollten Sie wissen, dass ... nicht genügend Seelen auf der Schwingungsebene des Christusselbst waren", um das wiederkehrende Karma der Menschheit abzuwenden, wenn es sich auf die Erde stürzt.

Wenn Sie im Fernsehen Vulkane ausbrechen sehen und erleben, wie die Menschen von allen möglichen schrecklichen Unglücken heimgesucht werden, so dass sie voller Angst laut schreiend durcheinander laufen, so ist es an der Zeit, das Licht anzurufen und es zu jenen Menschen zu lenken. Sie befinden sich auf Abstand. Doch weil wir Fernsehen haben, können Sie sich ein exaktes mentales Bild von der betreffenden Situation machen. Sie können Ihr gesamtes Licht und Ihre Gebete sowie Millionen von Engeln dorthin schicken, um jenen Menschen zu helfen.

Das macht das Leben lebenswert. Das gibt Ihnen das Gefühl, nützlich zu sein, da dieses Gesetz zu Ihren Gunsten funktionieren wird. Die Engel sind da. Gott hat sie eingesetzt. Sie sind die geliebten Söhne und Töchter Gottes und können an den Weltproblemen arbeiten. Ist das nicht ein Grund zur Freude?

Der fröhliche Erzengel

Erzengel Gabriel bezeichnet sich selbst als den 'fröhlichen Erzengel'. Er sagt ganz klar, dass es in Bezug auf die Rettung unserer Seelen einen Krieg zu gewinnen gibt – einen Krieg, den Sie selbst wagen müssen. Doch er sagt, dieser Pfad kann ein Weg der beständigen Freude sein.

Gabriel lehrt: "Es ist obligatorisch, dass ihr die Ärmel hochkrempelt und erkennt, dass ihr für jeden falschen Fußtritt selbst verantwortlich seid" – für Fußtritte, die Sie in diesem und in allen vergangenen Leben je getan haben. Indem Sie die violette Flamme in die Aufzeichnungen jener falschen Fußtritte lenken, können Sie Ihr Karma ausgleichen.

Gabriel spricht: "Wenn ihr nicht eure [falschen] Fußtritte noch einmal zurückgeht, wird womöglich ein anderer in die Fallen eures früheren Selbst und eures früheren Pfades [treten]. Dies ist ein Zeitalter, in dem die wahren Suchenden Gottes die kosmische Verantwortung für die

Gedanken und Gefühle, die sie in den Wind streuen, übernehmen müssen."

Gabriel sagt, dass der Weg, den Sie gehen, wenn Sie die Früchte Ihres Karmas ernten, kein leidvoller Weg ist. Es ist kein Weg, auf dem man sich mühevoll abplagen muss. Er sagt, dass es ein Weg der "Dauerfreude" ist - Freude deshalb, weil Sie die Situation von der richtigen Seite her betrachten. Rufen Sie jedes Mal, wenn Sie mit einem Problem, einer Belastung, einer Katastrophe konfrontiert werden, das Licht an, und setzen Sie Ihre Anrufung so lange fort, bis das Problem gelöst ist.

Wenn Sie das Problem anschauen, werden Sie beginnen, ins Negative zu verfallen. Schauen Sie daher auf die Lösung, und Sie werden wissen, dass es mit 100%-iger Sicherheit eintreten wird, denn Gott hält seine Versprechen. Gott hält seine Versprechen durch die Mithilfe seiner Engel immer. Wenn Sie sonst niemandem im Universum vertrauen, so vertrauen Sie Gott in dem Wissen, dass seine Urteile korrekt und berechtigt sind, auch wenn sie für uns einen Rückschlag bedeuten mögen. Sie sind dazu da, um uns eine Lehre zu sein. Wir müssen willens sein, die Verantwortung für unsere Fehler zu übernehmen.

Der Weg ist also ein Weg der permanenten Freude, da Sie "tagtäglich mit Hilfe der violetten, verwandelnden Flamme des Heiligen Geistes den Schutt [Ihres Karmas] von Jahrhunderten in das heilige Feuer werfen."

Gabriel sagt, dass dieser Weg voller unvergleichlicher Freude ist, die Sie nie zuvor gekannt haben. "Es macht Freude, [sich selbst] zu überwinden! Es macht Freude, den Feind zu bezwingen, der Ihnen in [Ihren eigenen] Kleidern auflauert. Ob es sich um den Feind 'Gier', ... den Feind 'exzessives Essen', um den Feind der 'Selbstsucht' oder den der [spirituellen] 'Blindheit' handelt - es macht Freude, diese zu bezwingen", sagt er. "Indem ihr ganz zu dem werdet, der ihr seid, entsteht aus sich heraus von selbst Freude."

Freund und Tröster

Wenn Sie eines über Erzengel Gabriel nicht vergessen dürfen, dann ist es die Tatsache, dass er Ihr Freund ist. In einem Diktat sagte er: "Ich bin euer Freund. Ihr kennt mich gut. Wenn ihr mich kommen seht und ihr euch dabei auf den 'ätherischen Luftwegen' in eurem Lichtkörper befindet, so sagt ihr: 'Gegrüßt seiest du, Gabriel, alter Freund!' Und wir begrüßen uns wie alte Kameraden und umarmen uns."

Ein anderes Mal versprach Gabriel: "Ich bin Gabriel, der Tröster im Leben. Ich bin hier und werde euch nicht verlassen, keinen von euch, bevor ihr nicht euren Lebenszweck erfüllt habt." Vergessen Sie nicht dieses Versprechen, das Gabriel der Seele jedes Menschen auf Erden gegenüber abgegeben hat: "Ich werde euch nicht verlassen, bevor ihr nicht euren Lebenszweck erfüllt habt." Sie sind nicht allein. Das ist die Botschaft Gabriels.

Wenn Gabriel eingreift

Erzengel Gabriel diktierte mir das Buch "Mysteries of the Holy Grail" ("Mysterien des heiligen Grals"). Es erklärt acht Geheimnisse Gottes, wie Erzengel Gabriel sie mich gelehrt hat. Es enthält auch Kapitel über die Mysterien Christi, das Heilige Abendmahl, die Inkarnation, den letzten Kampf um Gut und Böse und das Bewusstsein.

Ich möchte Ihnen gern eine Geschichte aus dem Buch "Mysteries of the Holy Grail" ("Mysterien des heiligen Grals") erzählen. Sie handelt von einer Bitte, die ich einmal Erzengel Gabriel vorgetragen hatte. Ich erhielt einen Anruf von einer Mutter, auf deren etwa sieben- bis achtjährigen Sohn von einem Schlägertypen aus der Nachbarschaft aus nächster Nähe mit einem 30-06er Gewehr geschossen worden war. Sobald ich den Anruf erhalten hatte, rief ich Erzengel Gabriel an. Ich sprach eine Anrufung aus tiefstem Herzen zu ihm, die ich niemals vergessen werde. Ich sah, wie er als Antwort auf mein Flehen um sein Eingreifen aus den Höhen des kosmischen Bewusstseins herabstieg und an die Seite dieses Kindes trat. Ich war mir in meinem Herzen absolut sicher, dass er kommen und das Leben dieses Kindes retten würde. Nicht einen Augenblick lang hegte ich irgendeinen Zweifel, denn ich kenne Erzengel Gabriel und weiß, dass er seine Versprechen hält.

Mit den Jahren habe ich eine sehr enge persönliche Beziehung zu Erzengel Gabriel entwickelt, indem ich ihn ganz einfach immer wieder an seinem Gewand zupfe. Das können Sie auch tun. Ich bin kein besonderer Mensch. Sie brauchen nur selbst 'den Motor anzuwerfen' und diese Möglichkeit zu nutzen. Tun Sie dies mit einem beliebigen der Erzengel, und Sie werden sehen, wie flink sie Ihre Hilferufe beantworten werden. Ich sah, wie Gabriel herabstieg und an die Seite des Bettes jenes Jungen trat.

Die Kugel hatte das Kind in der rechten Seite getroffen, die Leber und die Milz durchdrungen, war einen knappen Zentimeter am Herzen vorbei geschrammt, hatte seinen Ellbogen zersplittert und war schließlich in seinem Handgelenk stecken geblieben.

Ich hielt die Gebetswache tagtäglich weiter aufrecht. Ich visualisierte, dass dieser Junge an all den Stellen, die die Kugel durchdrungen hatte, absolut heil, absolut perfekt war.

Alle 24 Stunden hielt ich mit allem inne, konzentrierte mich auf Gabriel und diesen Jungen und sprach meine innigen Herzensrufe zu Gott. Ich tat dies, da jemand auf Erden (das hätte jeder von Ihnen gewesen sein können) Gabriel die Erlaubnis geben musste, auf Erden zu handeln und einzugreifen.

Dies ist das Gesetz des freien Willens, das Gesetz, das lautet, dass Gott nicht in unsere Angelegenheiten eingreifen wird, außer wir bitten ihn darum. Wenn Sie also für jemanden, der ein schweres körperliches Problem hat, die Lichtwache halten, müssen Sie die Flamme hüten, indem Sie die Anrufung mindestens einmal innerhalb von 24 Stunden wiederholen.

Monatelang sah ich Erzengel Gabriel sich ununterbrochen um dieses Kind kümmern, während es Operationen, Krankenhausaufenthalte und die Genesung durchmachte. Die Ärzte sagten, der einzige Grund, weshalb der Junge überlebt hatte, war sein 'Lebenswille'. Das Kind wurde als 'Wunderkind des Kootenai Hospitals' in Idaho bekannt.

Dann kam der große Tag. Ich war in Kalifornien in unserer dortigen Kirche. Es war ein Ostergottesdienst zu Sonnenaufgang, den ich selbst abhielt. Als dieses kleine Kind mit seiner Großmutter an die Reihe kam, um das Heilige Abendmahl zu empfangen, blickte ich es mit solcher Freude an. Ich konnte meine Tränen nicht zurückhalten. Alles, was ich sagen konnte, war: "Bist du ganz?" Und es sagte: "Ja, ich bin ganz." Es war das freudigste Erlebnis meines Lebens.

Erzengelin 'Hoffnung'

Dieser Vorfall verstärkte in mir die einfache, jedoch tiefgehende Botschaft, die wir oft von Gabriels göttlichem Gegenstück, der Erzengelin 'Hoffnung', vernehmen. Die Botschaft lautet: "Gib niemals auf!"

"Versteht, ... weshalb die Flamme der Hoffnung meine Aufgabe und meine Bestimmung ist", sagt sie. "Wenn man [wenigstens] einen Funken Hoffnung in den Herzen der Kinder der Sonne lebendig erhält ... hält man für den Herrn Christus oder jeden Engel oder jedes kosmische Wesen den Eingang in die Welt dieses Menschen offen."

'Hoffnung' sagt, dass sie und Gabriel mit ihren Engeln daran arbeiten, "eine Reinheit, die Stahl gleichkommt" zu verbreiten. "Könnt ihr euch vorstellen, dass man Licht so komprimiert", fragt sie, "dass es stärker als die stärkste Mauer, härter als der stärkste bekannte Härtegrad ist? Wenn man Licht konzentriert, so wird die Aura so stark, dass die Verzweiflung abprallt."

Prallt an Ihnen jede Verzweiflung ab? Das sollte bei jedem von uns so sein. Die Welt ist niedergeschlagen. Überall sind die Menschen voller Verzweiflung. Sie sind deprimiert. Depression ist eine Volkskrankheit. Sie können es nicht zulassen, dass sie in Ihr Herz, in Ihren Verstand oder in Ihre Seele kriecht. Sie müssen die Lichtsäule aktivieren (siehe S. 45). In dem Augenblick, in dem Sie sich ein wenig negativ zu fühlen beginnen, ein wenig niedergeschlagen, ein wenig hoffnungslos, müssen Sie es bekämpfen. Rufen Sie die Engel an, um jene Dämonen der Verzweiflung zu binden, und lassen Sie diese weder in Ihr Haus noch in die Nähe Ihrer Kinder treten. Lassen Sie es nicht zu, dass diese Ihre Ehe, Ihre Familie, Ihre Gemeinschaft oder Ihre Nachbarschaft zerstören.

Die Verzweiflung kann an jedermanns Tür klopfen. Wir müssen hier besonders vorsichtig sein, denn wenn wir unseren Kindern beispielsweise erlauben, zu viel Zucker zu essen, so werden sie allein vom Zucker depressiv. Dazu kommt dann noch das Koffein in ihren Softdrinks plus

ihre unausgewogene Ernährung. Depressionen
können sowohl von der Biochemie als auch von
der astralen Ebene herrühren.

'Hoffnung' im Reich des Möglichen

Erzengelin 'Hoffnung' sagt, Sie müssen sich vor falscher und falsch gesetzter Hoffnung hüten, vor einer Hoffnung, die Sie in Personen setzen, die keine Anbindung an Gott haben und nur zu falschen Illusionen führen. Wir glauben an Gott, wir hoffen auf ihn und wir vertrauen ihm alle Menschen an. Lasst uns unser Vertrauen und unseren Glauben nicht in Sterbliche setzen, denn das ist Abgötterei. Wir wollen nie vergessen, dass unsere Hoffnung auf Gott ruht – er wird uns nicht im Stich lassen.

Erzengelin 'Hoffnung' lehrt: "Es ist wichtig, unsere Hoffnung innerhalb des Reiches des Möglichen zu haben. Wenn ihr nämlich ununterbrochen auf etwas hofft, das nicht sein kann, [weil] es [Gottes] Gesetz verletzt, [oder] weil es nicht praktisch umsetzbar oder unwahrscheinlich ist ... werdet ihr euch bald in Tagträumen und Fantasien verlieren, die zu nichts führen.

Folglich, meine Lieben, besteht das Geheimnis des Hoffens und des sich an der Hoffnung Erfreuens darin, auf die Dinge zu hoffen, von welchen ihr wisst, dass sie für euch möglich sein können, sollten, müssen, werden und es jetzt, gegenwärtig auch sind."

Ich lade Sie ein, Ihre Herzensanrufung an Gabriel und 'Hoffnung' zu richten. Machen Sie mit diesen Mächtigen, die mit Sicherheit für immer Ihre kosmischen Freunde sein werden, unbegrenzt Bekanntschaft.

Die Autorin

ELIZABETH CLARE PROPHET ist eine weltbekannte Autorin. Zu ihren populärsten Werken gehören "Your Seven Energy Centers: A Holistic Approach to Physical, Emotional and Spiritual Vitality" und eine Reihe von Taschenführern zu "Praktischer Spiritualität". Ihre bahnbrechenden Bestseller sind "Saint Germain's Prophecy for the New Millenium", "The Lost Years of Jesus: Documentary Evidence of Jesus' 17-Year Journey to the East" und "Reincarnation: The Missing Link in Christianity".

Elizabeth Clare Prophet ist eine Pionierin in Techniken angewandter Spiritualität. Ihre Arbeiten ermittelten überdies die kreative Kraft des Klangs für die Entfaltung unserer Persönlichkeit und den Wandel der Welt. Seit den 60er-Jahren hält sie Seminare und leitet Arbeitsgruppen in aller Welt zu den verschiedensten spirituellen Themen: Dazu gehören Engel, Auren, Seelenpartner, Prophezeiungen, spirituelle Psychologie, Wiedergeburt und die mystischen Pfade der Weltreligionen.

INFORMATION: Für weitere Informationen zu Büchern, Kassetten, CDs in englischer Sprache und Seminaren zu den spirituellen Techniken dieses Buches wenden Sie sich bitte an:
Summit University Press · 63 Summit Way, Gardiner, Montana 59030
Tel.: 406-848-9500 – Fax: 406-848-9555
http://www.summituniversitypress.com
E-mail: info@summituniversitypress.com

144 Seiten, broschiert
€ [D] 7,95
ISBN 978-3-89845-147-5

Elizabeth Clare Prophet

Erzengel Michael

Erzengel Michael gilt seit jeher als der größte und meistverehrteste Engel in den jüdischen, christlichen und islamischen Schriften und Traditionen. Er ist der Engel der Natur, der den Menschen Nahrung und Wissen bringt. Er ist der „Engel des Herrn", der Engel der Gegenwart Gottes. E. C. Prophet schlüsselt – basierend auf Bibeltexten wie auch auf Tatsachenberichten – die Bedeutung des Erzengels auf, die er sowohl für jeden einzelnen hat als auch für die gesamte Menschheit. Er erinnert uns gerade in der heutigen Zeit, in der es recht dunkel ist auf der Erde, daran, die Verbindung zu unseren himmlischen Helfern nicht zu kappen. Denn: „Es gibt eine Welt des Lichts, die die Welt der Dunkelheit überlagert, und alles, was ihr tun müsst, ist, euch nach dem Licht auszustrecken ..."

128 Seiten, broschiert
€ [D] 7,95
ISBN 978-3-89845-172-7

Elizabeth Clare Prophet

Erzengel Raphael

Elisabeth Clare Prophet schildert in diesem Band unserer Erzengelreihe in beeindruckender Weise Erzengel Raphaels segensreiches und beschützendes Eingreifen in bedrohlichen Situationen. Zudem stellt sie Übungen vor, um das Bewusstsein des Lesers zu öffnen und ihn einzustimmen auf diesen lichtvollen Erzengel. – Ein Meisterwerk, das wahrhaft Türen in die strahlenden Lichtreiche der großen Erzengel öffnet!

128 Seiten, broschiert
€ [D] 5,95
ISBN 978-3-89845-049-2

Elizabeth Clare Prophet
Mit Engeln arbeiten

Dieses Buch bringt einem bei, wie man mit Engeln Freundschaft schließt, sodass diese bereit sind, ihre Hilfe uns zukommen zu lassen. Denn wir haben sie um ihre Hilfe zu bitten. Erst dann dürfen sie uns helfend zur Seite stehen. Hier werden die praktischen Schritte in einem Zehn-Punkte-Programm aufgezeigt, wie man sich mit ihnen in Verbindung setzt, sich weiterhin ihrer Hilfe vergewissert und in Zusammenarbeit mit ihnen viel Gutes für sich und andere bewirkt.

Dieses Büchlein ist nicht nur ein Ratgeber, sondern vor allem eine praktische Anleitung, seinem Leben mit Hilfe der Engel eine höhere Qualität zu geben.

128 Seiten, broschiert
€ [D] 5,95
ISBN 978-3-89845-171-0

Elizabeth Clare Prophet
Mantras des Westens

Die Wissenschaft weiß nicht, warum oder wie es funktioniert. Doch immer mehr Studien weisen darauf hin: Beten funktioniert!

Auf ihre einfache und eindrucksvolle Art führt die amerikanische Bestseller-Autorin die Macht des Wortes in all seinen Nuancen vor, wobei ihre Fallbeispiele jeden noch so skeptischen Leser von der Wirksamkeit des gesprochenen Wortes überzeugen müssen ...

Elizabeth C. Prophet / P. R. Spadaro
Praktische Spiritualität
Medizin für die Seele

Knüpfen Sie ein enges Band zu Ihrem Geist – dieser Ratgeber für den Alltag zeigt Ihnen in praktischen Schritten, wie Sie inmitten der Wirren und der Hektik des Alltags in Resonanz mit Ihrem Geist bleiben können, wie Sie auf die ruhige, sanfte Stimme in Ihrem Innern zu hören lernen und wie Sie am besten im Hier und Jetzt leben. Zusätzlich bietet er kreative Techniken, die Sie einsetzen können, um sich und Ihr Umfeld auf eine höhere Ebene zu heben.

176 Seiten, broschiert
€ [D] 6,95
ISBN 978-3-89845-206-9

Elizabeth C. Prophet / P. R. Spadaro
CHAKREN –
Deine 7 Energiezentren

Dieses Buch vermittelt – basierend auf der Lehre vom feinstofflichen Energiesystem unseres Körpers – kraftvolle Einsichten und Werkzeuge, um wieder heil und ganz zu werden. Quelle dieses Wissens sind verschiedenste spirituelle Traditionen, die uns anleiten, wie wir unsere Seele über die sieben Schritte des persönlichen Wachstums voranbringen können. Dieses Werk beinhaltet darüber hinaus ganzheitliche Techniken zur Wiederherstellung der energetischen Balance unseres Körpers – angefangen bei Homöopathie über Vitamine und Heilbäder bis hin zur Arbeit mit Meditationen, Affirmationen und Visualisierungen.

272 Seiten, broschiert
€ [D] 8,95
ISBN 978-3-89845-107-9

Elizabeth Claire Prophet

Seelenpartner & Zwillingsseelen

Die spirituelle Dimension der Liebe und unserer Beziehungen

176 Seiten, broschiert
€ [D] 7,95
ISBN 978-3-89845-126-0

Die Suche nach der wahren Liebe und nach dem perfekten Partner ist wohl das am meisten behandelte Thema der Weltgeschichte überhaupt. „Seelenpartner und Zwillingsseelen" enthüllt mit Wärme und Weisheit die spirituelle Dimension von Beziehungen und zeigt neue Wege auf, um zu Ganzheit und wahrer Liebe zu finden. Sie lernen viel Wissenswertes über Seelenpartner, Duale und karmische Partner, und man beginnt zu verstehen, weshalb man gerade bestimmte Liebschaften in sein Leben zieht – sogar, warum selbst die schwierigste Beziehung geradezu ein Sprungbrett zur perfekten Liebe sein kann.

Sigrid Mahncke

Lichtengel

Zur Heilung von Körper und Seele

49 farbige Herzkarten
€ [D] 13,20
ISBN 978-3-89845-208-3

Die Lichtengel bringen Heilung für Körper und Seele und breiten ihre Flügel wie einen schützenden Mantel der Liebe über dir aus. Allein indem du dich in die Energien der visionären und sanften Engelbilder vertiefst, wirst du fast augenblicklich zur Ruhe kommen – und in der Lage sein, dich auf den wesentlichen Kern deines Lebens besinnen zu können...

Jetzt NEU!

Seminare bei Silberschnur

Weitere Informationen erhalten Sie unter
www.silberschnur.de/seminare